Direction d'ouvrage : Mathieu Lauverjat
Conception graphique : Ariane Galateau

34/36 rue La Pérouse
75116 Paris

Dépôt légal : octobre 2016
ISBN : 9782755624892

Imprimé en Chine
www.hugoetcie.fr

PRENDRE LA VAGUE

UNE CÉLÉBRATION DU SURF FRANÇAIS

GÉRARD SCHALLER

AVEC LA PARTICIPATION DE
PAULINE ADO
SYLVAIN CAZENAVE
ANTONY COLAS
FRED COMPAGNON
VINCENT DUVIGNAC
PEYO LIZARAZU
JOËL DE ROSNAY...

Hugo Image

Sommaire

Préface

Je suis la vague

N'en déplaise à ma modestie : vous n'êtes rien sans moi. Vous, les surfeurs, admettez-le. Pour vous, je suis cet « obscur objet du désir » que n'a pas songé à évoquer Luis Buñuel dans son chef-d'œuvre sorti sur vos écrans en 1977. Nous nous sommes déjà croisés, sûrement. Ou peut-être votre planche ne m'a-t-elle jamais rencontrée ? Je suis la vague.

Celle que vous venez caresser régulièrement pour tenter de l'amadouer. Je vous donne tout : vos sensations, votre plaisir, votre raison d'être surfeurs. Mais je peux aussi, si je le souhaite, vous retirer ce que vous avez de plus précieux. La vie. Les exemples sont nombreux, et même parmi les plus grands d'entre vous. On ne me domine jamais, on tente de faire de moi une alliée. Et c'est moi qui décide.

Je sais me faire douce ou tumultueuse. Je peux me faire flots ou déferlement. Les dictionnaires des synonymes, qui tentent tant bien que mal de me donner d'autres noms plus communs, disent assez combien ma nature est complexe. Aux doux « moutons », à l'apaisante « onde », à la si engageante « vaguelette », s'opposent la tranchante « lame », la grondante « houle » et même l'effrayant « tsunami ». Agitation, barre, mascaret, raz, ressac, scélérate, rouleau, déferlante, marée... En voilà d'autres. C'est beaucoup. Mais cela reste vague. Je suis bien plus que cela.

Me réduire au déplacement de particules à la surface de l'océan tient de la galéjade. C'est vrai que plus le vent souffle fort et longtemps, plus je gonfle, plus je grandis. Vrai aussi que ma taille dépend de la distance sur laquelle le vent souffle sans rencontrer d'obstacles. Je serai toujours plus haute dans les océans Pacifique ou Atlantique que sur des espaces confinés. Je peux parcourir des milliers de kilomètres, car je ne déplace pas d'eau mais de l'énergie. Les gouttes, les infimes particules d'eau, ne décrivent qu'un cercle lorsque je passe. Chacune se déplace d'abord vers le haut, sur mon front ; puis en avant, sur ma crête ; ensuite vers le bas, dans mon dos ; et, pour finir, dans le creux que j'ai créé. Je m'affaisse sous l'effet de mon propre poids. Comme vous, humains, je ressens les effets de la pesanteur.

Vous et moi avons un autre point commun, et c'est peut-être la raison pour laquelle je vous fascine : comme vous, je ne suis que de passage ici-bas. Je nais et je meurs. Alors que l'océan, lui, est immortel. Au Pérou, une loi a même été promulguée pour me protéger. C'est dire si je suis fragile. La « loi de protection des vagues destinées à la pratique sportive » protège les 1,3 millions de mètres carrés correspondant à la Chicama, ma version de gauche la plus longue du monde. Tout type d'action ou d'activité non naturelle qui pourrait déformer, diminuer ou éliminer votre recours à moi pour la pratique du surf, altérer les fonds marins ou modifier les courants ou les amplitudes des marées, est prohibé. Je suis sûre que d'autres initiatives de ce type seront engagées, ailleurs. Les humains ont des vagues à l'âme. Vous me respectez.

Vous aimez d'ailleurs frissonner à l'évocation des noms dont vous m'avez affublée : Jaws, Himalayas, Banzaï Pipeline à Hawaii ; Mavericks et The Wedge en Californie ; Cyclops, Ours ou Shipstern Bluff (Tasmanie) en Australie ; Cloudbreak en République des Fidji ; Dungeons en Afrique du Sud ; Teahupoo en Polynésie française ; Nazaré au Portugal ; ou Belharra au large de Saint-Jean-de-Luz... J'y vois des marques de respect.

Je suis liée à l'océan, mais ne suis pas l'océan, comme vous êtes liés à la planète sans être la planète. Comme vous, je vais et je viens. Comme vous, j'apparais et je disparais. Nos existences ne sont que de maladroites ou artistiques danses fugitives sur un parquet éternel.

La vague

Pays de Buch.

À gauche : Kelly Slater, dans les Landes. Le « king » entretient une longue relation affective avec les vagues françaises.

Novembre 1963, Philippe Gérard surfe une gauche à l'embouchure de la Bidassoa, un fleuve côtier à la frontière franco-espagnole. Cette vague atypique, délimitant les deux pays, a aujourd'hui disparu.

Les goûts du littoral

Leurs noms appartiennent parfois au domaine de la poésie, comme pour celles qui se nomment de Lumière (Vendée), des Légendes (Bretagne), Fleurie (Normandie), d'Azur (PACA) et même d'Amour (Loire-Atlantique), en toute simplicité. Celle de la Déroute (Normandie) sonne d'une tonalité plus inquiétante, avec une mention spéciale à la Ceinture dorée (Bretagne), qui ne dit pas qu'elle est une côte...

D'autres sont simplement des références géographiques comme les côtes Basque, Picarde, des Landes ou Camarguaise. Tout comme celles de Penthièvre, qui désigne un pays breton, ou de Cornouaille, dans la même région... Quant à la côte des Mégalithes, elle aussi bretonne, son appellation est d'ordre descriptif.

Reste le gros de la troupe : les couleurs, avec les côtes Vermeille (Pyrénées-Orientales) et Bleue (Bouches-du-Rhône), et surtout les minéraux, utilisés en général comme substituts aux nuances. Ne rêvez pas, vous avez infiniment plus de probabilités de ramasser une huître qu'une émeraude à Cancale. Ce sont les côtes de Granit Rose (Bretagne), de Nacre (Normandie), d'Argent (Aquitaine), d'Opale (Nord), de Jade (Loire-Atlantique), d'Améthyste (Languedoc-Roussillon).

La liste est probablement loin d'être exhaustive, mais elle dit déjà l'affolante diversité des côtes françaises. Et encore ne s'agit-il que de celles appartenant à l'Hexagone *stricto sensu*. La Corse, les départements, régions et territoires d'outre-mer regorgent également de milliers de kilomètres aux appellations évocatrices et aux particularismes frappants. On évoquera, pêle-mêle, les fonds coralliens de Taapuna, l'isthme sableux de la presqu'île de Grande Miquelon, les avancées rocheuses du golfe de Sagone en Corse, le récif de l'Astrolabe, les îlots Konduyo et N'Digoro en Nouvelle-Calédonie, la passe Honikulu à Wallis, la péninsule Courbet aux Kerguelen, les salines de Montjoly en Guyane, l'anse Salabouelle sur la Grande-Terre guadeloupéenne, l'îlot de Clipperton, la baie de Tartane en Martinique, l'anse des Cayes à Saint-Barthélémy, la baie des Traîtres sur Hiva Oa aux Marquises, les *reefs* de la Côte-sous-le-vent à La Réunion. Tant d'autres...

En métropole, déjà, l'on trouve des falaises abruptes, de longues plages de sable fin, d'autres de galets, des rochers déchiquetés, des dunes, des marais, des criques, des ports, des rades, des calanques... Donnant sur trois mers et un océan. Alors, avec la complicité de l'Outre-Mer, on atteint le vertige : on entrevoit la vastitude des Caraïbes, l'Océanie, l'océan Indien, le Pacifique... jusqu'en Antarctique.

Les côtes françaises sont extraordinairement diverses. Et les fonds qui les bordent le sont tout autant. L'ensemble, exposé à une myriade de vents très variables, offre un large spectre de conditions de surf. Du débutant intégral au professionnel aguerri, du dilettante en mal de sensations au compétiteur acharné, il y en a pour tous les goûts, jusqu'à satiété.

Un exemple : le Pays basque, berceau du surf français et même européen. Trente kilomètres de littoral, c'est peu. Mais le débutant va patauger dans la baie d'Hendaye, large plage présentant peu de dangers, alors que le surfeur de gros ira vers le petit village de Guéthary, à Avalanche ou aux Alcyons, où la houle peut atteindre six mètres de haut. Voire, s'il est particulièrement patient et organisé, il attendra l'arrivée de la monstrueuse Belharra au large de la corniche reliant Saint-

Trois silhouettes de surfeurs, trois latitudes,
trois configurations géologiques différentes.

À gauche : Le sable noir d'origine volcanique
de l'océan Pacifique (Polynésie française),
ci-dessous la dalle rocheuse méditerranéenne (Corse),
et les récifs coralliens de Saint-Pierre-et-Miquelon.

« Avec la complicité de l'Outre-Mer,
on atteint le vertige... »

Jean-de-Luz à Hendaye. Entre ces deux extrêmes, la Côte des Basques ou la Grande Plage à Biarritz, la Chambre d'Amour à Anglet, Bidart, Lafiténia, Parlementia... Trente kilomètres et une palette de spots aux mille visages. Or, de Calais à la pointe de Saint-Mathieu, d'Hendaye à Brest, d'Argelès-sur-Mer à Menton, la France métropolitaine compte plus de 5 500 kilomètres de côtes. Une carte aux nombreux trésors.

Une longueur côtière qui s'étire sur plus de 19 000 kilomètres, si l'on considère la totalité de son espace maritime. Pour le surf, un territoire d'exploration infini...

Côte d'Albâtre. Étretat, la falaise d'Aval avec sa célèbre « aiguille ». Le paysage, d'une verticalité surprenante, à la beauté sauvage, est le résultat de la lutte plus que millénaire entre la pierre et l'eau.

Bretagne. En contrebas de la « maison des douaniers », au bout de la pointe du Percho, les conditions sont réunies.

Côte d'Opale, Calais. Le littoral calaisien, bordé par la Manche et la mer du Nord, abrite les spots les plus septentrionaux de la France hexagonale.

DFDS SEAWAYS

Ci-dessus : Ruée vers l'eau des nouveaux convertis au « surfing », en 1960.

Côte des Basques, juillet 1958. André Plumcoq (à droite) porte la première planche de Richard D. Zanuck. À gauche, Joël de Rosnay aux côtés du second longboard importé par Peter Viertel.

À droite : Peter Viertel et Joël de Rosnay à Biarritz, au début des années 1960.

La première planche

C'est un scénariste américain de talent, Peter Viertel, qui le premier a introduit une planche en France. En 1956, pour surfer à Biarritz. Et c'est un autre homme de cinéma, Thomas Gilou, qui lui rend hommage.

Son voyage n'a pas été de tout repos. Mais enfin, elle est là. 3,40 mètres de haut sur 65 centimètres de large. C'est une planche, un longboard en balsa rayé vert agrémenté d'un nose rouge. Elle appartient à Richard D. Zanuck, vingt-deux ans, une sorte de fils à papa vaguement déjanté (1). En la voyant débarquer de l'avion en provenance de Los Angeles, les douaniers français tiquent. Ils n'ont jamais vu ça. Inspection. Que fait-elle au milieu des caméras, pellicules, accessoires acheminés pour les repérages d'un film ? Et pourquoi son propriétaire n'est-il pas là pour la récupérer ? Richard Zanuck a dû en effet retourner précipitamment à Hollywood, et c'est un certain Peter Viertel, stupéfait, qui est présent à l'aéroport pour la réceptionner. Suspicion. Faute de barème adapté à cette marchandise inhabituelle, les douaniers décident de taxer l'objet à 170 % de sa valeur présumée. Viertel refuse. Il trouvera le moyen de l'expédier vers l'Espagne où les services de douane sont plus cléments, avant de lui faire franchir la frontière française par la route. Là voilà à Biarritz, terme de son périple. C'est le début de la grande aventure du surf en France.

Flash-back. Nous sommes en 1956, pendant les repérages pour le film d'Henry King *Le soleil se lève aussi*, adapté d'un roman d'Ernest Hemingway (avec Ava Gardner, Tyrone Power, Mel Ferrer et Errol Flynn). Un film produit par Darryl F. Zanuck, monument du septième art, vice-président de la 20th Century Fox, et père de Richard. C'est la fin de l'âge d'or du cinéma

hollywoodien, c'est l'heure d'été au Pays basque. Le scénariste, Peter Viertel, est un homme encore jeune. Il a trente-six ans. Un jour, de la feria de Pampelune où toute l'équipe est réunie, Viertel et son ami Richard Zanuck partent à la recherche de décors naturels et décident de pousser jusqu'à la Côte des Basques à Biarritz, cadre de certaines scènes du film. C'est le choc. Richard, surfeur confirmé de Malibu, s'extasie : les vagues sont belles, et d'autant plus enchanteresses qu'elles sont vierges de tout baigneur, et bien évidemment plus encore de tout surfeur... C'est un paradis. C'est merveilleux, enivrant.
Il n'y a personne dans l'eau, pas comme en Californie, où la pratique du surf se développe à grande vitesse. Les Beach Boys ne chantent pas encore « Surfin' » ni le jubilatoire « Good Vibrations » – cela ne tardera pas, et plage commence déjà à rimer avec embouteillage pour les surfeurs. Alors qu'à Biarritz...
Ce n'est pas seulement un trajet Hollywood-Biarritz que le longboard de Zanuck va entreprendre, mais un voyage entre deux mondes.
Côté États-Unis, une contre-culture est née dans l'après-guerre. Partie de la côte ouest, et notamment du Comté d'Orange, une région du grand Los Angeles, en Californie, la vague du surf s'est répandue dans le cinéma, la musique, les magazines... Plus qu'une discipline sportive ou un loisir, le surf est devenu un phénomène de société et sa pratique un art de vivre pour la jeunesse. On respecte des codes, on suit des modes, et l'arrivée de nouveaux matériaux dans les années 1950 (les planches sont plus légères et plus maniables) fait exploser le nombre d'amateurs. Côté France, rien, ou si peu.
Face à ces vagues vierges de Biarritz, Richard Zanuck, les yeux rivés sur la houle, se sent bien. Trop bien, sans doute. Car depuis Hollywood, son père le sent venir de loin. Il faut dire que le *media baron* connaît la propension du fiston, disons... au dilettantisme. Il craint qu'il ne lui échappe, et ne faille à sa mission première : la production de *Le soleil se lève aussi*. En vrai mogul dictateur, il rappelle donc illico sa progéniture à la maison. Viertel se retrouve ainsi aux douanes, face à la planche massive, seul.

Et le longboard de Zanuck va jouer les missionnaires, porteurs de la bonne parole. Malgré la session inaugurale, qui est douloureuse : Richard Zanuck est en effet reparti, puni, laissant un Peter Viertel inexpérimenté mais excité à l'idée de pouvoir surfer dans ces conditions. C'est trop tentant. Le scénariste finit par se jeter dans l'eau biarrote. Novice, il tente un take-off, sans paraffine, glisse évidemment... La planche finit sa course dans les rochers, sans avoir été surfée. Elle ne redeviendra opérationnelle qu'après l'intervention de Georges Hennebutte (futur inventeur du leash), un fabricant local de « planky », une planchette en contre-plaqué en forme de ski qu'utilisaient alors les body-surfeurs pour mieux glisser... Les deux hommes, devenus complices, auront à peine le temps de faire une nouvelle tentative. Déjà septembre arrive, et il est temps pour Peter de reprendre l'avion, piqué du virus. À Biarritz ça intrigue, on a pris soin d'étudier le prototype, et de noter les cotes de la planche. Ça germe.
Le véritable baptême français se déroulera quelques mois plus tard. En juin 1957, Peter Viertel revient. Sous la supervision de Richard Zanuck, il s'est entraîné dur pendant l'hiver californien. Il est bien décidé à surfer, et il est, cette fois volontairement, accompagné d'une planche. L'été dernier a fait des curieux. Il est attendu. L'engouement des jeunes du coin pour ce longboard est fort depuis la première tentative. Mais vite, Viertel est pris par les besoins du film et doit s'absenter. En partance pour l'Espagne, il confie la planche à un certain Joël de Rosnay...
À la fin de l'été, ils seront quatre jeunes gens à partager assidûment les vagues de la Côte des Basques. Peter Viertel, Georges Hennebutte, Jacky Rott et Joël de Rosnay. Ces nouveaux disciples formeront le quatuor primitif des « tontons surfeurs ». Ils seront bientôt plus nombreux à jouer sur les planches.
Entre Viertel et la Côte des Basques, une romance d'eau salée est née. Une histoire d'amour scellée à vie. L'été suivant voit atterrir sur le tarmac de l'aéroport deux planches Hobie en balsa recouvertes de polyester transparent. Nous sommes en 1958, c'est la Nouvelle Vague sur les écrans. Le début du surf sur nos côtes.

Court-métrage

Pour les besoins d'une série de documentaires sur le sport vu par des personnalités du cinéma, « Sport en scène », le réalisateur Thomas Gilou a eu le bonheur de rencontrer pour la première fois le scénariste surfeur américain en 1988. L'idée était de raconter en 35 mm *La Première Planche*. Cette histoire donnera naissance à un court-métrage rare et précieux. À une amitié également.

Les deux hommes se reverront souvent. Ils surferont ensemble, aux Cavaliers, à Anglet. « C'était un homme extraordinaire, tout simplement. Il faisait partie de ces monstres sacrés d'Hollywood (2), mais était d'une simplicité absolue. Lorsque je lui ai proposé le sujet, il a tout de suite répondu présent, et nous nous sommes rencontrés d'abord à Málaga, où il résidait, avant le tournage à Biarritz. Cela reste l'une des grandes rencontres de ma vie. »

À l'époque, Thomas, trente-trois ans, n'était encore le réalisateur que d'un long-métrage, *Black Mic-Mac*. D'autres suivront : la trilogie *La vérité si je mens* (1997-2001-2012), *Raï* (1995), *Chili con carne* (1999), *Michou d'Auber* (2007), *Victor* (2009)... Il aimait déjà le surf, depuis qu'il y avait goûté à l'âge de dix-huit ans – « Trop tard pour devenir bon, mais assez tôt pour me faire plaisir » – à La Torche, en pays Bigouden, en Bretagne. La route n'existait pas encore, juste une « vague piste, et pas le moindre baraquement. Mais on était seuls dans l'eau ou presque. »

Près de trente ans après sa rencontre avec Viertel, Thomas Gilou ne feint pas l'émotion lorsqu'il évoque l'aventure hallucinante que l'Américain lui a fait vivre. « C'était un très bel homme, très sportif. Il jouait notamment, et très bien, au golf à Málaga. Et j'avais beau lui dire que je le croyais sur parole, il insistait pour que je le voie surfer : "Il faut que je te montre !" » Alors, ils avaient pris la route de Puerto Banús, une marina de luxe située à Marbella, sur la Costa del Sol, et embarqué sur un magnifique bateau. « Ce genre de Riva très élégant, qu'on ne voit que dans les films justement », qui lentement avait quitté le port, avant de s'immobiliser au large. Viertel avait alors sorti une longue planche et s'était mis à l'eau. Charge à Thomas Gilou, aussi interloqué qu'effrayé, de prendre les commandes et de mettre plein gaz... « Je n'avais jamais piloté ce genre de navire ! C'était fou. Mais il insistait et j'ai mis gaz à fond, j'ai vu la vague se créer dans le sillage du bateau, et Viertel se lever sur sa planche et surfer... Il apparaissait soudain comme un dieu. »

(1) *Renvoyé par son père de la 20th Century Fox pour une série d'échecs cuisants, Richard Zanuck (1934-2012) deviendra néanmoins un très grand producteur. À son actif, les premiers films de Steven Spielberg, et à partir de 2001, ceux de Tim Burton. Parmi ses productions :* Le Génie du mal *(1959)*, Les Liaisons coupables *(1962)*, La Mélodie du bonheur *(1965)*, L'Arnaque *(1973)*, Sugarland Express *(1974)*, Les Dents de la mer *(1975)*, Cocoon *(1985)*, Miss Daisy et son Chauffeur *(1989)*, La Planète des singes *(2001)*, Charlie et la Chocolaterie *(2005)...*

(2) *Peter Viertel (1920-2007) fut le scénariste des plus grands réalisateurs de son époque, notamment : Alfred Hitchcock, pour* Cinquième Colonne *(1942) ; Vincent Sherman, pour* The Hard Way *(1943) ; John Huston, pour* Les Insurgés *(1949) et* L'Odyssée de l'African Queen *(1951) ; Anatole Litvak, pour* Le Traître *(1951) et* Le Couteau dans la plaie *(1962) ; Henry King, pour* Le soleil se lève aussi *(1957) ; Roger Vadim, pour* Les Bijoutiers du clair de lune *(1958) ; John Sturges, pour* Le Vieil Homme et la Mer *(1958) d'après Ernest Hemingway ; et Clint Eastwood, pour* Chasseur blanc, Cœur noir *(1990).*

LA PREMIÈRE PLANCHE
avec
PETER VIERTEL
LE SPORT

U.S.
BIARRITZ

un film de
THOMAS GILOU
produit par
CLAUDE KUNETZ
image
THIERRY ARBOGAST
BAPTISTE MAGNIEN
VÉRONIQUE DECOURS
son
JEAN-PAUL BERNARD
montage
SUZANNE KOCH

Franck Garrigue à Lafiténia. 1978.

L'Instamatic Kodak 35 mm, premier appareil photo de Sylvain Cazenave.

« C'était durant l'hiver 1978. Sur une houle nord-ouest, à marée basse, on peut tuber sur le pointbreak quand les conditions sont parfaites. Franck est un super surfeur, un compétiteur hors-pair qui a fait ses preuves sur le North Shore dès 1976. J'ai appris à surfer avec lui, souvent sur ses planches. C'est un copain depuis l'école. Je me souviens, à l'époque où je commençais juste, lui était déjà champion de France cadet ! »

Photographie

Avec sa planche comme avec son appareil photo, Sylvain Cazenave a tout vécu de l'évolution du surf en France et dans le monde. Il est acteur, témoin et artiste.

Images en mouvement

C'était au temps où le surfeur était partageur. Où, lorsqu'il avait trouvé un spot, il venait avec ses copains, tous ses copains, pour le leur faire découvrir. Aujourd'hui, le surfeur vient en cachette par crainte de se retrouver bientôt noyé dans la cohue. C'était un peu après mai 1968, et ses « évènements » qui mirent la France et le monde occidental dans les rues. Loin du slogan « sous les pavés, la plage » bientôt scandé par les étudiants parisiens du Quartier latin, Sylvain Cazenave venait de vivre son évènement à lui. « C'était le 1er mai, exactement », il s'en souvient bien. Sa première vague. La première qu'il surfait. « Elle est restée gravée dans mes yeux, dans mes souvenirs. Je pourrais parfaitement la décrire. » Nul besoin de photo pour se la remémorer.

C'était au temps où la France découvrait le surf. Oh, pas toute la France ; une infime minorité de jeunes aux cheveux longs, à l'esprit gentiment rebelle. On faisait circuler les plaisirs, on partageait. « Il y avait peut-être une centaine de surfeurs en France, pas plus. » Évidemment, être si peu nombreux renforçait l'esprit de groupe. La sensation d'être rares…

Planche contact d'un shooting d'Arnaud de Rosnay réalisé en 1966 pour les besoins de *Paris Match*. Une Cadillac, pleine de « beach boys and girls » est assaillie de planches. La voiture longe une Chambre d'Amour encore paisible, à Anglet.

Pierre Nazeyrollas,
alias « la Mouche »,
à Hossegor. 1979.

« Le local de la Grande Plage se prépare : une session tubulaire dans l'arène de la Nord se profile. Et le public sur les marches de la plage des Landais, ne ratera pas une miette du spectacle. »

À Biarritz, la plage était scindée en deux parties : d'un côté la Grande Plage familiale et ses sages baigneurs, de l'autre, moins fréquenté, la Côte des Basques, le coin des acharnés de la glisse, coiffés comme des dessous de bras, le sourire aux lèvres et la planche à la main. « Un nouveau monde se créait, sans doute en avance sur son temps. Le monde des années 2000. On commençait à parler pollution, protection de la nature », explique Sylvain.
Lorsqu'un Américain débarquait à Biarritz pour profiter des vagues, il était plus que le bienvenu, même si les surfeurs du coin attendaient en réalité avec impatience la date de son départ. « On voulait tout lui acheter : son tee-shirt, son Levi's 501, son caleçon, tout son matériel de surf qu'on ne trouvait pas en France. Le type pouvait repartir à poil s'il le voulait. Certains négociaient ça en échange de vin ou de fromage. À l'époque, une planche coûtait l'équivalent d'un SMIC, mais en fait, le problème essentiel était de parvenir à en trouver ! C'était extrêmement rare. »

Sylvain Cazenave appartenait à une famille où la photographie avait toujours eu sa place. Un Instamatic Kodak traînait en permanence dans le salon, et il l'emportait volontiers sur la côte pour les sessions entre copains. Il arrivait toujours un moment où l'un de ses potes lui demandait d'aller le chercher dans le coffre de la voiture. « J'aimais cette idée de faire des photos. C'était une manière de montrer et témoigner. Une façon de partager aussi avec les autres ces moments de plaisir total. Le surf est aujourd'hui un sport individualiste. Ce n'était pas encore le cas à l'époque. »

Partager. Oui, mais partager quoi ? Le témoignage sur papier glacé ou la vague, planche sous les pieds ? J'inspire : « Être ou ne pas être... » J'expire : « ... dans l'eau ? » Là était évidemment la question pour le photographe surfeur ou le surfeur photographe, comme on veut. « Moi, c'est le surf qui m'a amené à la photo, tranche-t-il. Je sais que j'ai loupé plein de prises en préférant aller surfer plutôt que de rester sur la plage à *shooter*. Elles seraient comme des fossiles aujourd'hui qui marqueraient les débuts de notre sport. Mais je n'ai aucun regret. De toute façon, toutes ces vagues continuent de déferler dans ma tête. »

Près de cinquante ans plus tard, Sylvain Cazenave est l'un des photographes les plus reconnus dans le monde du surf. Sur ses clichés de témoin, de photojournaliste en somme, il a ajouté depuis bien longtemps son point de vue. Il ne prononce

En août 1975, *Le Nouvel Observateur* évoquait déjà les championnats à Vieux-Boucau dans un article intitulé « Les dompteurs d'écume ». Le journaliste, Patrick Sery, ne manquait pas de complimenter le style de Georges : « Georges Remoissenet, ce cadet de Tahiti, quinze ans, venu exprès de là-bas, a dû naître sur une planche : ce n'est pas possible qu'il tienne comme ça, les pieds collés à son engin, et c'est prodigieux de voir ce gars passer dessus, dessous, au creux et sur la crête d'une vague qui n'arrivera jamais à se débarrasser de lui sauf, tout à la fin, en mourant elle-même. »

pas le mot, mais on le fait pour lui : artiste. Il faudrait presque regarder ses photos avec une serviette de bain à la main, tant ses vagues débordent du cadre. Pour travailler, Sylvain a plusieurs options. « En 1973, j'ai acheté un Nikonos. C'était un appareil pour les photos sous-marines né de la collaboration entre le fabricant et le commandant Cousteau. Je l'ai toujours, et jamais je ne m'en séparerai. » Ce petit 24x36 lui a permis de prendre ses premières photos depuis l'eau, sans endommager son matériel. Puis sont arrivés les gros téléobjectifs, dans les années 1980, avec des focales hallucinantes : 600, 800 mm ; 1000 mm, même pour se rapprocher considérablement du sujet lorsqu'on en est loin. Une manière de s'inviter sur la planche en restant sur la plage. « Cela a pas mal changé les choses et les images de surf. » Depuis, Sylvain a planté le pied de ses téléobjectifs devant d'innombrables spots. On ne rappelle plus ses *shootings* iconiques en hélicoptère, dans un Jaws primitif, accompagné de Laird Hamilton, ni les houles dantesques qu'il a su saisir à Waimea, en Atlantique nord, ses incessantes traques d'El Niño, l'automne basque, l'Indonésie sauvage… Son œil baladeur a capturé les plus belles vagues de la planète, et immortalisé les plus grands exploits. Ses photos ont fait le tour du monde. Elles ont été exposées un peu partout au creux des pages de nombreuses rédactions. Aujourd'hui c'est à Biarritz, où sont ses racines, qu'il a inauguré en mai 2016 sa galerie permanente.

À travers l'objectif de Sylvain Cazenave, l'iconographie du surf a opéré ses grandes mutations : du noir et blanc à la couleur, des pellicules 35 mm aux ektas, du laboratoire photo à la table lumineuse, des méga pixels numériques au téléobjectif, en passant par les prises de vues aquatiques, embarquées, aériennes. Aujourd'hui tout a changé, mais rien n'est pourtant plus stable pour Sylvain. Le surfeur photographe n'est plus l'ado qui faisait partie de l'équipe de France, certes, mais il surfe toujours, chez lui, à Hawaii ou en Australie. L'essence reste, et demeurera. Pour le plaisir. Quant à la question de savoir s'il va sortir l'appareil photo ou la planche, une fois parvenu sur la plage, elle s'est réglée d'elle-même, il troque l'une pour l'autre dès que « les épaules ont commencé à faire mal. »

Gérard Dabbadie le Landais,
et Georges Remoissenet le Tahitien
enfilent les lycras durant un
championnat de France dans les
Landes, au début des années 1980.

« C'était une joyeuse session avec une bande de Tahitiens. Arsène Harehoe régnait au pic, en chef de file. On se tirait la bourre avec eux, redoutables tuberiders. C'était à celui qui partait le plus à l'intérieur. Take-off, drop-in ! Dans cette émulation aquatique, Fred Basse s'élançait de tout son poids pour faire parler sa puissance dans le tube. »

Fred Basse, aux Estagnots. Été 1980.

" Je sais que j'ai loupé plein de photos en préférant aller surfer plutôt que de rester sur la plage à shooter. "

Les premiers appareils étanches arrivèrent en France avec la création du Calypso, développé avec la participation du Commandant Cousteau à la fin des années 1950.

Une session dans l'or
du crépuscule tahitien.

Balade française

Une flânerie photographique qui défie les milles nautiques.

Côte d'Argent, Landes, La Gravière. Hossegor, en gascon « fosse profonde », bénéficie de la remontée abrupte du fond marin passé le gouf de Capbreton pour offrir des vagues creuses et puissantes. Le sud des Landes est une zone prisée, aux spots mondialement connus.

« … Au matin calme, la mer intarissable,
Et ses sillons dans l'infini du sable. »

Jorge Luis Borges, *La mer*

Alpes-Maritimes, Villefranche-sur-Mer. Après de gros orages, une houle d'ouest se propage parfois dans la rade, créant une vague rare dans un cadre de choix : un pic déroulant avec le cap Ferrat en toile de fond.

Une session hivernale à Douarnenez, dans le Finistère.

Un surf parfait s'annonce quelque part dans le nord Médoc.

Presqu'île de Crozon.

À droite : Côte sauvage, Porz Guen...

Vue intérieure du tube le plus médiatisé du monde. Teahupoo, au bout de la presqu'île de Tahiti Iti.

Ciel d'automne à Lacanau, Gironde.

Un vague à fleur d'eau, quelque part sur l'île de Beauté…

« On est un peu fier de soi de l'avoir fait.
Et puis, on n'est pas gêné, dans l'eau.
Chaque fois, j'étais seul à surfer. »

Une série de récifs s'étendent à 1,5 mille au large des îles qui ferment la rade de Saint-Pierre. Un territoire d'exploration vierge et dangereux, plein de promesses...

Les eaux de Saint-Pierre-et-Miquelon

C'est dans l'archipel de Saint-Pierre-et-Miquelon que Gilles Gloaguen aime par-dessus tout surfer, avec le froid pour unique compagnon. Il est bien le seul.

« Puisque c'est faisable, pourquoi ne pas le faire ? » Évidemment, c'est si logique... On a envie de rétorquer que cette idée est originale, pour ne pas employer de mots qui fâchent comme « insensée » ou « bizarre ». Mais on se retient. Parce que ce n'est pas le genre d'arguments raisonnables qui convaincra cet individu-là de s'abstenir. « Il vit en dehors des codes habituels », analyse son ami, le photographe Thibaut Vergoz.

Gilles Gloaguen est un original. Un vrai. Ni par snobisme ni pour faire semblant : par nature. Ou plutôt, c'est un homme extraordinaire, au sens premier du terme : il sort de l'ordinaire. Gilles est un surfeur-bodyboardeur aussi. Et ses spots de prédilection, à Saint-Pierre-et-Miquelon, un territoire français situé près du Canada, sont à l'image du personnage : surprenants. Ils s'appellent l'île aux Marins ou la rade de Saint-Pierre.

« Ces îles, on ne peut pas dire qu'elles soient hospitalières, résume Thibaut Vergoz. Le climat n'y est pas très sympathique non plus. » En clair, c'est un climat subarctique, entre tempéré et polaire, qui y règne. Avec des étés au cours desquels la température monte au grand maximum à 18°C (« une douceur humide, beaucoup de brume »), et des hivers rigoureux, secs et neigeux. On est loin d'Hawaii ou de Tahiti. Et « forcément, il n'y a pas beaucoup de monde dans l'eau ». D'autant plus que ces îles sont marquées par l'influence du courant (froid) du Labrador.

Gilles balaye les réticences liées au froid d'un revers de la planche. « Vous savez, 16°C pour l'eau en été, c'est moins froid qu'en Bretagne en hiver. » Pas faux. Mais lui surfe aussi l'hiver, alors que l'océan affiche à peine plus d'un degré. « La première fois, se souvient-il, l'eau était à 3°C et j'y suis

resté une demi-heure. J'ai vraiment eu de bonnes sensations. Le froid est loin de gâcher le plaisir, et d'ailleurs, lorsqu'on nage, on ne le ressent pas trop. »

Côté satisfactions, outre le plaisir de la glisse, une certaine jubilation : « On est un peu fier de soi de l'avoir fait. Et puis, on n'est pas gêné, dans l'eau. Chaque fois, j'étais seul à surfer. Ça a beaucoup de charme. » La plage, la vague, l'océan pourquoi pas, lui appartiennent tout entiers. Il les partage uniquement avec des phoques (communs ou gris), des dauphins et à l'occasion avec leur prédateur, l'orque. Mais en milieu naturel, elle ne s'en prend pas à l'homme. Aucun cas d'attaque mortelle n'a jamais été répertorié.

Originaire de Vannes, dans le Morbihan, Gilles est arrivé à Saint-Pierre-et-Miquelon à l'occasion d'un stage dans le cadre du BTS qu'il suivait à Auray. Son programme était d'étudier les déplacements des oiseaux. Thibaut Vergoz, ingénieur écologique alors sur place, supervisait son travail. Ils ont rapidement sympathisé, au-delà des relations professionnelles. « Quand il m'a dit qu'il surfait à Saint-Pierre, finalement ça ne m'a pas étonné. C'est un personnage hors du commun. » Gilles se baladait en vélo – il ne conduit pas – avec sa planche sur le dos. Le maître de stage et son élève se promènent désormais à deux pour de longues randonnées et des bivouacs. Ils sillonnent les îles : « La nature est sauvage et difficile d'accès. Pour la découvrir, cela réclame un engagement physique et une prise de risques. On sent qu'on n'y a pas notre place... »

Accessoirement, ils repèrent de nouveaux spots pour le surf. Gilles se lance sur sa planche et Thibaut photographie. Jamais il ne lui vient à l'idée d'échanger les rôles : « Je n'ai pas le niveau et, si je veux progresser, ce sera dans l'eau chaude ! » Écologue et géographe de formation, chercheur et biologiste de terrain, il est aujourd'hui l'un des meilleurs photographes dans son domaine. Quant à Gilles, il continue de voyager. Beaucoup et un peu partout. Mais il surfe rarement ailleurs qu'à Saint-Pierre-et-Miquelon. Débordé par ses activités professionnelles, et sans doute parce qu'il aurait l'impression de trahir ses racines de surfeur. « C'est vrai que les gens ici sont un peu surpris, qu'ils me prennent pour un fêlé. » Mais quelle importance ? Il y trouve son plaisir, paradoxalement surtout l'hiver, parce que « il y a de meilleures vagues »... Et tant pis pour le thermomètre.

Fou ? Insensible au froid ? Absolument pas. Il concède d'ailleurs dans un éclat de rire ne pas goûter outre mesure le moment où il lui faut sortir de l'eau, mouillé, pour se changer. Là, il souffre de la température et cela demeure une épreuve à laquelle on ne s'habitue pas. « Si par hasard j'avais eu l'envie de surfer avec lui, confirme Thibaut Vergoz, ça me l'aurait immédiatement éteinte. Lorsque je l'ai vu retirer pour la première fois sa combinaison trempée par 2°C et dans le vent pour se rhabiller, j'ai compris que ce n'était pas pour moi. » Seulement pour un être hors du commun.

Saint-Pierre-et-Miquelon et la dernière terre française d'Amérique du Nord.

Gilles Gloaguen s'engage dans la pente de son jardin d'hiver, sur l'île aux Marins.

À gauche : Saint-Pierre et ses 6 500 habitants constituent le chef-lieu de l'archipel.

" Un microcosme insulaire unique en Amérique. "

S'aventurer dans les redoutables passes reste le privilège des professionnels et des amateurs avertis.

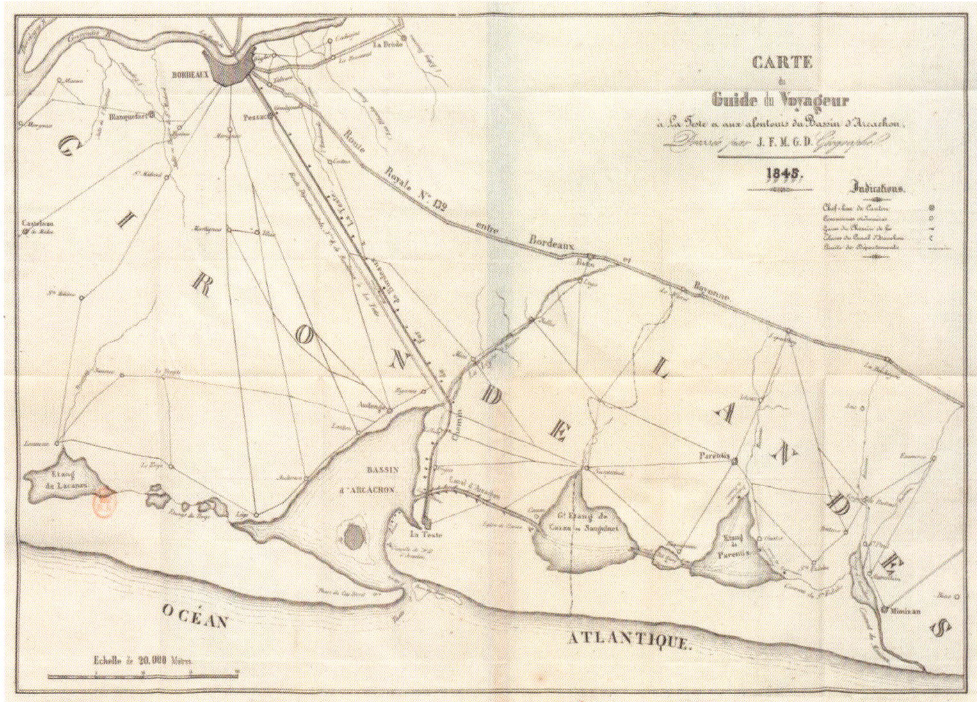

Carte du *Guide du voyageur à la Teste et aux alentours du Basin d'Arcachon*, 1845.

INSOLITE
Une session vue d'un banc

L'espace d'une session entre lagune et océan, Yannick Le Toquin est allé photographier dans les derniers bancs de sable sauvages de Gironde, ceux des passes Sud du bassin d'Arcachon.

Se poser sur un banc ne s'avère pas forcément de tout repos. Cela peut même être hasardeux, pour peu qu'il s'agisse par exemple d'un des bancs de sable de l'entrée du bassin d'Arcachon. « Cette zone intermédiaire, qui interrompt le littoral Atlantique, est tout à la fois d'une beauté sublime et d'une potentielle dangerosité extrême », explique Yannick Le Toquin. Ici, les repères sont inexistants et le paysage sablonneux se confond souvent avec les embruns. L'Atlantique brasse le sable depuis des millions d'années et forme un vaste ensemble de bancs où la houle et les courants s'affrontent. Certains affleurent à peine, certains n'émergent que fugitivement au gré des marées. D'autres restent visibles en permanence, en toute saison, comme le célèbre banc d'Arguin.

Yannick est photographe à Biscarrosse, dans les Landes. C'est la mer qui l'a mené vers la photographie et non l'inverse. Il est surfeur aussi, depuis l'âge de douze ans. Il avoue se poser encore parfois la question du choix entre l'appareil photo et la planche, lorsqu'il est sur la plage...

Depuis vingt ans, trente ans – il ne sait plus –, il rêve d'aller surfer là-bas, au milieu des bancs. Il avait déjà tenté l'expérience dans les passes Sud, il y a quinze ans, mais en était rentré bredouille : pas assez de vagues... Impossible de concilier ce jour-là ses deux passions : surf et photo. Impossible de s'offrir ce cadeau d'un surf « insolite ».

« Dans cette multitude de bancs de sable, la difficulté est de trouver où surfer. Les paramètres à réunir sont nombreux, avec ce sable fortement remué. L'endroit est constamment en mouvement, car le sable se déplace ici plus rapidement que sur la côte. » Il faut aussi tenir compte des vents, des vagues, des marées, et se rendre sur la zone en bateau... Par forte houle, le secteur est franchement dangereux : les chenaux de

> « L'Atlantique brasse le sable depuis des millions d'années et forme un vaste ensemble de bancs où la houle et les courants s'affrontent. »

vidange ou passes de sortie du bassin sont alors soumis à de forts courants. Des vagues de plusieurs mètres de haut surgissent soudain. Et dans le secteur de la barre d'Arcachon, bien des bateaux de pêche ou de plaisanciers en paient encore le prix. Même quand les conditions sont réunies « sur le papier », l'expérience du surf se mérite, ici. Et demeure incertaine. « Nous avions choisi une belle et chaude journée ensoleillée. On s'est rapproché des passes avec la dune du Pilat en toile de fond à l'ouest, la pointe du Cap Ferret à l'est et l'immensité des bancs face à nous. C'était magnifique. » Outre la pilote du semi-rigide, Charlotte Vanhove, Yannick était ce jour-là accompagné de Glen, son frère, et de Romain Farthouat. Ils auraient pu se risquer plus au large, dans les brisants, à la recherche d'une vague dans un secteur très instable. Trop d'aléas, trop dangereux. Ils ont choisi d'accoster sur l'un des bancs de sable. « Nous avons jeté l'ancre, mais avec le gros coefficient de marée (110) du jour, la physionomie du banc changeait toutes les dix minutes. Le courant était très fort, il tirait les gars vers l'intérieur du bassin. » Difficile de lutter contre les 400 millions de mètres cubes d'eau qui viennent, chaque jour remplir puis vider le Bassin.

La marée n'est pas assez haute, les vagues sont en chantier, un *shorebreak* confus. Puis peu à peu le plan d'eau se cale. Le banc commence à offrir parfois des bouts de gauche, et des droites creuses déferlent un peu plus longuement. Il faut attendre que le banc de sable se recouvre pour que la vague se mette en place. Elle s'enroule en droite, un *bowl* cylindrique entourant quasiment la langue de sable qui reste à fleur d'eau. Les surfeurs partent dans la mousse, tournent le long du banc en envoyant plusieurs manœuvres puis remontent à pied par la langue de sable. « Un circuit incessant, dans un cadre grandiose avec la côte en arrière-plan, la dune, la forêt, ajoute Yannick Le Toquin. La houle était un peu petite car elle était freinée par les bancs du large, mais la session est restée agréable, avec des séries surprises qui venaient confirmer la puissance des forces en présence. Observer cela d'une berge

précaire et mouvante, c'était quelque chose de superbe, un spectacle presque magique... Mais lorsque la marée a monté, la houle est venue s'écraser sur le banc de sable, balayé par de plus grosses séries. Déjà tout était fini. »
Cette aventure éphémère n'appartient pas au patrimoine local. Quelques surfeurs s'égarent certes parfois dans les bancs, à l'occasion d'une balade en bateau. Quelques rares bodyboardeurs également. Mais l'endroit reste délicat d'accès, loin du port d'Arcachon ou du Cap Ferret, et passablement dangereux, avec ses courants pernicieux. Franchement déconseillé aux touristes en goguette. Les écoles de surf sont nombreuses dans la région, l'océan tout proche, les possibilités de surfer, variées. « Il y a une vraie communauté de surfeurs tout autour, commente Yannick Le Toquin, et il n'est pas nécessaire de courir de risques pour pratiquer son sport. Nous y sommes allés pour la découverte d'un cadre différent, pour allier surf et robinsonnade. » Et pour y faire des photos, bien évidemment. De magnifiques photos.

Glenn Le Toquin et Romain Farthouat font escale dans un monde en mouvance constante, rythmé par le reflux des marées.

Mer d'Iroise, Plogoff,
baie des Trépassés.

L'île de Quéménès est située
au cœur de l'archipel de Molène,
à environ 9 km du port du Conquet.

Carte du département du Finistère composant *l'Atlas National Illustré* du géographe Victor Levasseur, 1852.

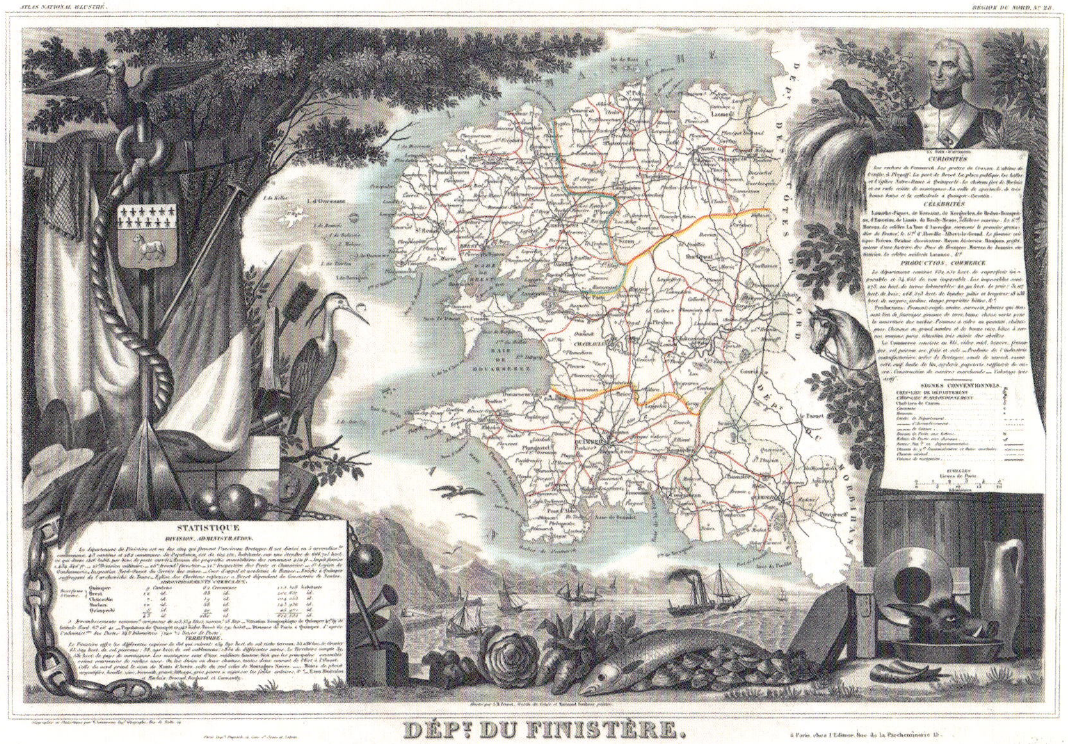

MER D'IROISE
Solitaire comme un diamant

Au bout du bout du continent, David Cuisnier est seul à fréquenter les spots de l'île de Quéménès, en mer d'Iroise. Conséquence d'un choix de vie.

Le Finistère mérite ici son nom. La « fin de la terre »... Quéménès (*Kemenez* en breton) se situe même au-delà du bout, puisque c'est une île. Elle fait partie de l'archipel de Molène, qui s'étale là-bas, à l'ouest, dans une eau qui cumule les noms : mer d'Iroise, portion de la mer Celtique, elle-même portion de l'océan Atlantique. Tout est vrai, du contenant aux contenus. Les chiffres en revanche, c'est bien connu, mentent. Deux exemples pour en juger. Densité de population sur l'île : 13,33 habitants au km^2, pas très éloignée finalement de celles de la Lozère (15), de la Creuse (22) ou des Alpes de Haute-Provence (23). Et bien plus importante que celle de la Guyane (3). Taux de surfeurs sur la population totale de l'île de Quéménès : 25 %. Un habitant sur quatre. Cela paraît énorme, une sorte de record toutes catégories. En fait, le calcul est facile : ils sont quatre à résider là. Et un seul pratique la discipline.

Il s'appelle David Cuisnier. Son épouse, Soizic. Ils ont une fille de six ans, Chloé, un fils de quatre, Jules. Voilà. Si l'on excepte les moutons qu'ils élèvent, les cent cinquante lapins rescapés de l'épidémie de myxomatose de l'été 2015, les phoques gris venus bronzer sur les côtes et les dauphins qui s'ébrouent dans l'eau, les Cuisnier constituent à peu près tous les mammifères qui composent la faune de l'endroit. Ah si, on oubliait Gaston, le cochon noir de compagnie. Pas de problèmes de voisinage à la ferme insulaire de Quéménès,

La vie insulaire sur Quéménès
permet de surfer seul,
une expérience singulière.

pas d'interminables réunions de copropriétaires... Et lorsque David sort sa planche, pas de combats acharnés au pic pour s'approprier une vague. Toutes lui appartiennent.

« Être seul à ce point pour surfer, c'en est presque inquiétant parfois. Ce n'est pas très sécurisant. Et puis, souvent, on aimerait bien partager. Mais dans l'ensemble, on s'accommode de la solitude. » Qui viendrait surfer là ? La petite Quéménès (1,6 km de long, 400 m de large) se situe à 9 kilomètres du continent, à 2 milles marins (3,7 km) de l'île de Molène. « L'accessibilité est restreinte. Et puis les conditions sont capricieuses. Vous ne pouvez pas programmer une session à l'avance. »

Sur les 3,4 kilomètres de côtes, David a repéré bien des spots. Il les nomme en référence aux lieux géographiques où ils se trouvent. Comme celui qu'il a baptisé « oreilles de lapin », car deux menhirs plantés là y font penser, avec un peu d'imagination, sous un certain angle. La configuration des fonds marins, la rapidité des marées, la force des courants favorisent la formation de vagues. « Il y a de tout, ici. En général, ce sont des vagues de roche, rapides et courtes. Mais il y en a de jolies aussi, à la taille impressionnante. » Lui se limite à celles n'excédant pas le mètre cinquante, « ludiques sans être dangereuses ». Le granit breton ne coupe pas comme les coraux, mais il est singulièrement solide. « C'est trop compliqué pour quelqu'un qui voudrait débuter. Il faut une certaine expérience. » Sa femme et sa fille ne s'y sont jamais risquées. Elles sortent parfois en paddle, mais ne surfent pas.

Certains spots repérés ne sont pas praticables : la mer d'Iroise est balayée en profondeur, et David « [passerait sa] session à ramer à contre-courant sans jamais monter sur la planche ». D'autres sont plus exploitables. Du moins lorsque la météo s'y prête, en hiver notamment où les houles sont plus fréquentes. L'eau est alors à une température d'environ 9° C, contre 14-15° C l'été. Pas de chance… En fait, les bonnes conditions sont rarement réunies. Une vingtaine de fois dans l'année, tout au plus. Pour des sessions de 90 minutes maxi, coincées entre deux marées, au mi-montant et descendant. Il faut faire vite.

« Pour surfer ici, vous devez pouvoir lâcher toutes vos activités dans l'instant. La possibilité d'une session ne s'annonce pas. Vous voyez soudain que les conditions sont bonnes et vous y allez. Tout de suite, sinon il vous faudra attendre peut-être plusieurs semaines avant la prochaine occasion. » Cela limite évidemment la pratique de la discipline aux habitants de l'île.

Quiétude et solitude sont les compagnons d'eau de David.

David et Soizic se sont implantés sur Quéménès en 2007, dans le cadre d'un projet de recolonisation de l'île. Celle-ci avait en effet été achetée par le Conservatoire du littoral, sept ans plus tôt, pour la préserver des appétits immobiliers, alors qu'elle était désertée. Des travaux avaient été entrepris pour refaire les toitures des onze bâtiments, avant qu'un appel à candidature pour réoccuper les lieux ne soit lancé. Les Cuisnier furent tentés par l'aventure. D'autant plus que le Conservatoire du littoral venait d'installer l'eau et l'électricité sur l'île. Un pari autant qu'un véritable projet de vie pour deux jeunes mariés, qui permettait tout à la fois à David de retrouver le milieu agricole dont il était diplômé et à Soizic d'avoir un travail plus stable que celui qu'elle exerçait précédemment.

Neuf ans plus tard, ils sont toujours là. Ils élèvent : leur cheptel ovin est passé d'une douzaine à une trentaine de têtes. Ils cultivent : un hectare qui leur permet de produire annuellement dix à quinze tonnes d'excellentes pommes de terre, des Monalisa, une variété pas trop hâtive. Ils récoltent des algues marines alimentaires sauvages, des haricots de mer, des laitues de mer… Jamais ils ne s'autorisent le moindre engrais chimique ni pesticide. C'est un autre pari : celui du développement durable.

L'île est alimentée en électricité par une petite éolienne de 2,5 kW couplée avec 70 m^2 de panneaux solaires photovoltaïques (un peu plus de 6 kW). La fourniture d'eau chaude est assurée par 2,5 m^2 de capteurs solaires. Vingt-quatre grandes batteries de stockage électrique complètent l'ensemble. Pour l'eau, un puits existe sur l'île, mais son rendement serait bien insuffisant si le couple n'y ajoutait pas l'eau de pluie. Récupérée, filtrée avec papier et charbon actif, puis exposée à des rayons ultraviolets, elle est rendue buvable. Une fois utilisée, elle passe par trois bassins équipés d'un système de phytoépuration pour éviter la pollution de la nappe d'eau douce et de la mer. Tout ici est économisé (il n'y a que des toilettes sèches), recyclé (comme le compost, évidemment), réutilisé...

La famille vit ainsi en autarcie énergétique. Pas sociale, car les liens avec le monde extérieur ne sont pas coupés. Le téléphone portable fonctionne, de même qu'Internet qui leur permet de vendre leur production directement en ligne, la télévision également. Enfin, parfois.

David et Soizic reçoivent aussi : ils accueillent sept mois par an des hôtes dans trois chambres de l'un des bâtiments réhabilités. Jamais plus de dix personnes en même temps, pour éviter le « piétinement » de l'île, on s'en serait douté. Des surfeurs ? « En neuf ans, ça n'est jamais arrivé, assure David, que nous ayons en même temps les conditions météo requises et des surfeurs dans le gîte. » Il continue à surfer seul. Les vagues sont à lui.

Quéménès a probablement été occupée dès le néolithique, comme en témoignent des menhirs et des chambres mégalithiques.

« L'accessibilité est restreinte. Et puis les conditions sont capricieuses. Vous ne pouvez pas programmer une session à l'avance. »

Une belle droite déroule
quelque part sur Tikehau,
un atoll circulaire situé à
300 km au nord-ouest de Tahiti.

" La pratique du surf et du bodyboard est quasiment innée tant elle est entrée dans les gènes de la population depuis des décennies, des siècles. "

POLYNÉSIE FRANÇAISE
Droit de cités

À l'autre bout du monde, Olivier Napias surfe depuis vingt ans une vague plus redoutable que Teahupoo : celle du mal-être des défavorisés.

Son idée de départ, c'était Teahupoo, ce spot mondialement connu pour sa gauche, où Laird Hamilton chevaucha la monstrueuse Millennium Wave en août 2000 et s'engouffra dans un tube aux allures de hangar… Les vagues de gros surf, c'est le truc d'Olivier Napias. Il aimait et il aime toujours. Lorsqu'il s'est installé à Tahiti, en 1994, il avait vingt-cinq ans. Il avait découvert la région sept ans plus tôt avec l'équipe de France junior, et y était revenu deux fois au hasard de ses pérégrinations. Enthousiasmé au point de décider d'aller y tenter sa chance. « Ce n'était pas vraiment un changement de vie, puisque je faisais la saison d'été en Europe avant de partir à travers le monde le reste du temps. Mais je me disais qu'ici, j'aurais des super vagues toute l'année. » Et de grosses vagues aussi, comme celles qui le font toujours, chaque année, partir à Hawaii comme en pèlerinage. Teahupoo et d'autres, au quotidien, douze mois sur douze : il en a profité, il en croque toujours.

Sa petite amie l'accompagnait, elle est devenue son épouse. Elle était sage-femme, et lui surfeur. Ce n'est pas un gagne-pain. Pour vivre sa vie, il faut la gagner. Pendant cinq ou six mois, il a sillonné le secteur pour mettre en œuvre une idée somme toute saugrenue : ouvrir une école de surf au pays des surfeurs. Sur un territoire où tout le monde surfe, où la pratique du surf et du bodyboard est quasiment innée tant elle est entrée dans les gènes de la population depuis des décennies, des siècles. Un pari. « Apprendre, ici, ce n'est pas dans les mœurs. La lecture des vagues, la compréhension de la mer, les enfants tahitiens l'ont naturellement. La peur, ils ne la connaissent

Côte nord de Hiva Oa.
L'équipe de Tura'i Mataare découvre les îles Marquises.

Olivier Napias (ci-dessous) montre l'exemple avec ce tube backside d'école (à droite).

pas. Ils progressent à une rapidité hallucinante, dix fois plus vite qu'en France. Mais pour les Polynésiens, le sport est un jeu. L'aspect "contraintes" est mal accepté. » Deux écueils à la fois : comment leur apprendre ce qu'ils savent (presque) déjà, sans leur imposer de contraintes ?

Son idée de départ, c'était de s'installer à Teahupoo, et le voilà responsable de Tura'i Mataare. Traduisez « poussé par la houle », car on ne se refait pas. Mais en l'occurrence, poussé doucement, sur un spot pour débutants à l'ambiance familiale. Ses élèves l'entourent. À 80 %, ce sont des jeunes du cru, preuve qu'il a réussi son pari. Cette école de surf est la première jamais ouverte sur l'île (il en existe une douzaine vingt ans plus tard) et demeure la seule à avoir à sa tête un diplômé du Brevet d'état 2e degré option surf. Olivier Napias lui-même, bien sûr, par ailleurs entraîneur de la section sports-études. Il en parle avec passion, et sans cacher une fierté légitime. Son projet tourne bien.

Formules initiation à partir de cinq ans et perfectionnement (stages sur les récifs) tout au long de l'année, et pendant les vacances scolaires, l'école assure la partie sports aquatiques du centre de loisirs Moanalou Tamarii pour les cinq à douze ans, au nord de l'île, sur les plages de sable noir de Papenoo. Il y a là plusieurs *beach breaks*, dont celui de Papenoo Beach, le plus connu. La vague s'y casse sur le rivage, l'eau est chaude. Surfs, stand-up paddles, bodyboards et kayaks de mer s'y ébrouent gentiment. Il faut seulement être vigilant côté droit du spot où le fond de corail est particulièrement tranchant. Olivier Napias s'y emploie. Investi de la responsabilité des enfants, le mari de la sage-femme se comporte en homme sage.

Son idée de départ, c'était de s'installer à Teahupoo, et il a découvert les quartiers défavorisés. Pas la « téci » de métropole avec ses grands immeubles de béton inhumains. Non ; les quartiers aux maisons défraîchies voire totalement fanées où l'on s'entasse à vingt au lieu de cinq, ceux des bicoques aux quatre murs de bois branlants et au toit en tôle, accrochées en bord de mer ou à flanc de montagne... Des quartiers ressemblant davantage aux *favelas* brésiliennes qu'aux grands ensembles franciliens. Le négatif de la carte postale avec ciel bleu, palmiers et mer turquoise. Charles Aznavour voulait qu'on l'emmène « au bout de la terre », car il lui semblait que « la misère serait moins pénible au soleil ». À voir. Elle est affreuse partout, insupportable universellement, même au bout de la terre et jusqu'au cœur du Pacifique. Elle génère l'incivilité, la violence, le non-respect des lois, le vol, les petits et grands trafics. Le mal de vivre et le mal d'être.

Parmi les enfants qui fréquentent l'école de surf d'Olivier Napias, il en est de plus démunis, issus de ces quartiers. « J'ai commencé à les accueillir dès 1995 et les débuts de Tura'i Mataare. Au début, il s'agissait uniquement d'enfants

de familles défavorisées, pauvres. Aujourd'hui, ce sont aussi des jeunes en difficulté, parce que le manque d'argent n'est pas le seul problème. Il y a des gamins maltraités, en manque de repères, touchés par la drogue... »

Ils sont ainsi une centaine, âgés de sept à dix-huit ans et suivis par les affaires sociales, à bénéficier de stages d'initiation et de perfectionnement totalement pris en charge. Après chaque période, une évaluation de leur comportement général est réalisée, ainsi qu'une autre, portant sur leur « technique du surf » et un diplôme de niveau leur est délivré. Ce bilan permet d'envisager les orientations nécessaires. En fin d'année, les quinze meilleurs, au niveau de la pratique du surf, mais aussi du comportement au sein du groupe, sont récompensés par un déplacement, un stage de perfectionnement sur un spot de récif dans l'archipel des Tuamotu. En tahitien, « les îles au large ».

L'objectif du projet (*) est double : évidemment en premier lieu, lutter contre l'oisiveté, « source de délinquance ». Pendant les stages d'abord, et pourquoi pas après, si la passion du surf ou du bodyboard est née chez les élèves. « Il n'est pas rare que d'anciens stagiaires reviennent à l'école de surf, et cela nous fait toujours extrêmement plaisir. Certains ont même trouvé du boulot aux Tuamotu, grâce aux contacts qu'ils avaient noués pendant leur stage. » Mais c'est également l'occasion de familiariser les enfants et adolescents avec la vie en société. « Vivre en communauté, ça signifie qu'il y a des règles à suivre pour profiter pleinement du stage. Des règles de respect, de partage, de communication les uns avec les autres, qu'ils ont parfois un peu oubliées ou même qu'ils ne connaissent pas. » Chaque matin, un nettoyage complet du campement et de ses alentours est au programme.

> " Le surf comme moyen de lutter contre l'échec. "

Les photographies de ce chapitre sont signées Tim McKenna. Complice d'Oliver Napias, Tim couvre les surf trips de Tura'i Mataare depuis leur commencement.

Au passage, cela ne fait pas de mal, les stagiaires sont sensibilisés à l'hygiène corporelle, à la propreté collective. Ensuite, ce sera la préparation des repas, la réparation du matériel, un rappel des règles de sécurité... Travailler chacun pour un objectif commun. Ce stage leur permet également de découvrir les techniques liées à la pêche, et plus largement leur environnement, pour apprendre à le respecter lui aussi. « On est plus proches de la nature, on voit vite combien elle est fragile. »

Et puis, il y a le surf, bien sûr, une activité à laquelle ils n'ont d'ordinaire pas facilement accès : les déplacements pour aller sur les spots et le matériel sont trop onéreux. Outre le plaisir simple de pratiquer une discipline sportive attractive et inscrite dans leur patrimoine génétique, ils y trouvent aussi une valorisation et une plus grande confiance en eux-mêmes. Ils s'ouvrent aux autres, évacuent souvent une certaine violence intérieure... « Évidemment, ça ne change pas le monde, explique Olivier Napias. Lorsqu'ils retournent chez eux, ils font face aux mêmes problèmes. Il n'y a pas que ça à faire pour les soutenir. Mais lorsque je vois leurs visages fermés, inquiets, craintifs, et même agressifs parfois, à leur arrivée, qui sont éclairés, détendus, ouverts, à leur départ, je sais que cela leur a fait du bien. »

Son idée de départ, c'était Teahupoo. Olivier n'y a pas renoncé, mais a découvert bien plus : une tribu.

(*) Ce projet a été mis en place en partenariat avec le ministère de la Solidarité, de l'Emploi et de la Famille, l'association Les Enfants du Fenua (Croix-Rouge française, délégation de la Polynésie) et les différentes circonscriptions du territoire qui s'occupent de la sélection des jeunes.

En haut, le soleil, signe de vie, symbolisé par dix rayons de couleur or. En bas, la mer, signe d'abondance, représentée par cinq rangées de vagues. Au centre du cercle blanc qui constitue l'emblème de la Polynésie française trône une pirogue polynésienne à voile, de couleur rouge et vue de face.

Coca-Cola

Balade française

Une flânerie photographique qui défie les milles nautiques.

Par forte houle à Anglet, le secteur de la Barre – et sa vague mythique – renaît éphémèrement de ses cendres. Et devant les digues à l'embouchure de l'Adour se dresse un pic vénéneux baptisé « Furoncle ». Pour experts, exclusivement.

Flash-back à Avalanche.
Guétary dans les années 1960.

La mystérieuse « Annaëlle » est considérée comme une des vagues les plus dangereuses de France. Elle déferle quelque part derrière une île au large du Finistère nord. Une compétition de bodyboard prestigieuse y est organisée, le « Annaëlle Challenge » : un événement unique en son genre qui se déroule à l'automne (sur une fenêtre exceptionnelle de deux mois).

Michel Bourez s'envole au dessus d'une lèvre, chez lui, à Tahiti. Le sociétaire de l'élite mondiale fait parler un surf puissant dans ses jardins aquatiques entre Papara et Papenoo.

La Palue, sur la Péninsule de Crozon.

Naum Ildefonse amorce
un bottom-turn dans des
conditions solides à Hossegor.

Le surf puissant de Johanne Defay, à Saint-Leu. L'immense talent de la Réunionnaise – meilleure Française de l'élite internationale – s'est exprimé avec éclat lors de l'étape du circuit féminin de la World Surf League à Fidji en 2016, épreuve qu'elle a remporté sur le spot de Cloudbreak.

Ronan Châtain, sur la droite de l'île aux Vaches, à Audierne. Ce pointbreak de gros est aussi connu sous le nom de la Pointe du Lervily.

Le Graal cylindrique

Le Mimizannais Vincent Duvignac, docteur ès tubes landais, nous livre sa vision de la manœuvre reine du surf.

« Tuber. Le plus souvent, lorsque je suis tapi derrière le rideau de mer, je m'y sens bien. Mais quand les vagues sont violentes et que l'engagement et la concentration atteignent leur maximum, je dois admettre que sortir d'un tube relève de la performance. Et c'est souvent à ce genre de vagues voraces que nous sommes confrontés dans les Landes, particulièrement dans le nord, où les sessions de « barriques » s'invitent exclusivement à marée basse. C'est à ce moment précis, quand la houle vient buter violemment sur le banc de sable et que l'eau remonte très vite, que ça se passe. Quand ça jette, c'est un phénomène de succion qui s'enclenche : devant le plat de la vague, l'eau se retire rapidement alors que la masse est propulsée pour venir s'exploser de tout son poids sur la zone d'impact. C'est là que se joue le challenge : tenter de dompter cette eau brutale en mouvement qui semble tout faire pour vous manger, vous lessiver, vous assommer, vous broyer...

Dans les vagues tubulaires landaises, l'anticipation et l'analyse sont les clefs du succès. Il faut d'excellents repères pour se placer au bon endroit au bon moment, tandis que le cerveau doit prendre un maximum d'informations en un minimum de temps. Mieux vaut être en bonne forme, car une mauvaise chute et une blessure (voire pire) peuvent arriver en une fraction de seconde.

Au petit matin, le vent d'est « glace » la face de la vague, et la lèvre se propulse. Les conditions optimales pour tuber.

" Une sorte de danse fluide sous la lèvre de la vague... "

Vincent Duvignac est un chasseur de vagues réputé. Ici, sur un spot landais confidentiel dont il a seul les clés.

Une fois debout dans le creux, concédons que le plus dur du travail est effectué… S'ouvre une sorte de danse fluide sous la lèvre de la vague, un savant mélange d'appuis et de pressions variables. Comme s'il fallait la charmer, cette vague, la regarder de haut en bas, la comprendre, savoir ce qu'elle veut faire et si elle est prête à nous accueillir. Une romance dans l'œil du cyclone qui se compte en poignées de secondes. Un *speed dating* éphémère, quelque part entre sel et sable. Toute une poétique avant le verdict de la vague qui tombera avec sa lame sourde, implacable : la vision d'extase dans la chambre verte ou la tasse de bouillon d'écume. J'ai beau attester d'un bon nombre de conquêtes tubulaires ces quinze dernières années, je reste à chaque fois émerveillé, béat, jamais rassasié. Il m'est difficile d'exprimer ce que je ressens en glissant, captif, dans la gueule de la vague, et de restituer cette jouissance indicible. Un sentiment trop fort, très ambivalent. À sortir vainqueur de ce combat de danse, il y a le sentiment de sa propre puissance qui s'exprime, mais se tisse aussi un respect mutuel entre la vague et le surfeur…

Je me sens extrêmement privilégié de pouvoir m'introduire dans ces chapelles landaises, c'est une chance inouïe que m'offre la nature. C'est l'insigne honneur de pouvoir jouer avec l'océan. Après chaque tube vaincu, c'est comme si je devenais un nouvel homme, plus fort et rempli d'énergie positive. Debout devant le souffle de la caverne. Vivant. »

VINCENT DUVIGNAC

Une gauche vierge et sauvage. Le littoral landais, rectiligne sur plus de 106 km de long, est un terrain d'exploration considérable.

À la recherche du banc perdu

Partir à la recherche d'un bon banc de sable, guetter les baïnes et scruter les pointes sont mes vieilles addictions. Je suis obsédé par l'idée de découvrir LE spot, je n'en ai jamais assez... Et je pense qu'il y a toujours mieux ailleurs. Ça me rend dingue. Si je n'étais pas père de famille, je passerais mon temps à cavaler au sommet des dunes comme un fou, toxicomane solitaire possédé par l'immensité des plages landaises. Car selon les vents, les courants, les marnages sur différentes phases lunaires, les variations de pression atmosphérique, tout change perpétuellement. La formation et la mouvance des bancs sont une énigme pour moi, et c'est probablement la raison pour laquelle suis accro.

Une bonne session est magique, puisqu'il y a toujours un ingrédient inattendu dans son alchimie. Il est impossible de se promettre d'excellentes conditions, tant un ou plusieurs facteurs naturels peuvent varier jusqu'au dernier moment. En règle générale, je ne pars plus seul à la recherche du banc de sable : après quelques frayeurs hivernales, j'évite. Je suis souvent accompagné de mon ami Rudy, avec qui je partage beaucoup de sessions et de *checks* depuis plus de dix ans. Ensemble, nous avons beaucoup appris sur notre terrain de jeu, et je pense qu'on a une analyse solide des spots landais. Mais même si on travaille sans relâche pour tenter de comprendre et anticiper, quelque chose de mystérieux s'opposera toujours à nous. Bien comprendre le fonctionnement d'un spot à l'instant T est une chose, mais, et en dépit d'années d'observation, l'instant T+1 me semble sincèrement imprévisible. Percer le mystère des bancs est impossible, et cela fait la magie de notre sport.

COUPLE
Ma planche, mon amoureuse

Le rapport du surfeur à sa planche est empreint d'amour. Jean-Marie Mac Millan joue depuis vingt-cinq ans les entremetteurs.

Des métiers, il en a exercés quelques-uns dans sa vie, ils n'ont d'ailleurs aucun rapport les uns avec les autres. Il a été peintre. Il a été infirmier. Il a été restaurateur, entre autres. Aujourd'hui, Jean-Marie Mac Millan dirige une sorte de club de rencontres, d'agence matrimoniale du surf : il met en relation des surfeurs et des planches, puis il les marie. Des planches qu'il fabrique lui-même, s'entend. Jean-Marie Mac Millan est *shaper*.

Attention, pas d'erreur : ses qualités d'artisan sont évidentes et reconnues. De ses mains, il travaille bien. Il maîtrise les outils, sculpte les matières et les formes. Harmonie et équilibre. L'artiste ne fait que du sur-mesure. Ils sont très peu en France à tout faire comme lui, à la main, et encore moins à cumuler eux-mêmes le triptyque *shaping*/glaçage/ponçage. Cent à cent cinquante planches à peine sortent de son atelier chaque année, sous la marque que constitue son nom ; c'est peu. Mais c'est un gage de qualité. Il appartient à l'aristocratie du métier en quelque sorte. Il ne le dit pas : on le fait pour lui.

Dans son atelier, pas de modèle-type à proposer, pas de planches en stock. Pas de machine de *preshape* coupant la latte pareillement pour chaque surfeur, ni de pains de mousse alignés comme autant de silhouettes impersonnelles. On peut y rencontrer en revanche des clients bien réels, en chair, en

Du fish au malibu en passant par le gun ou le longboard, le quiver idéal de tout surfeur passe entre les mains de l'artisan.

Jean-Marie MacMillan shape depuis 1991. Il officie aujourd'hui à Marsillargues, en Languedoc-Roussillon.

os et en passion. « J'invite toujours le surfeur à venir voir la fabrication de sa planche. Je crois que c'est important. »

Jean-Marie travaille de ses mains, mais avoue accorder beaucoup d'importance au relationnel. « Le surfeur arrive avec une idée, je l'écoute, raconte-t-il. Et nous en discutons. Parfois, il se trompe sur ce qui lui conviendrait, et peu à peu, il arrive à le comprendre, et rectifie ses *desiderata*. Il faut écouter les mots, savoir si le discours correspond bien à la réalité. »

En toutes circonstances, le *shaper* demande d'ailleurs au client de venir avec son ancienne planche, celle qu'il veut quitter pour une nouvelle. « Cela me parle beaucoup. » Et face au novice qui désire par exemple la planche de John John Florence, Jean-Marie Mac Millan sait bien qu'il se trompe. Un cheminement commence, parfois long, pour l'amener à une demande plus raisonnable. « Là, je redeviens infirmier, en quelque sorte », s'amuse-t-il.

Jean-Marie implique le client dans sa propre réflexion et la naissance de sa planche. « Il saura en sortant de mon atelier quelle forme de carène a son surf et pourquoi. » Une relation de confiance s'installe. Elle est d'ailleurs bien souvent pré-établie, car l'artiste ne fait pas de publicité, préférant le bouche à oreille à la communication. Son client actuel lui a généralement été envoyé par un ancien acheteur comblé. Cela facilite le contact et donne de la valeur à ses conseils. « À l'arrivée, ce qui compte, c'est qu'il reparte avec la planche dont il a besoin. Ni celle qu'il avait fantasmée, ni celle que je lui aurais imposée. »

De tous les mots qui lui sont proposés pour définir la planche aux yeux de son propriétaire (amie, outil, partenaire, adversaire, objet, etc.), Jean-Marie en choisit un qu'il ponctue d'un « carrément » comme pour exprimer qu'il n'y a aucune autre option possible. « C'est son amoureuse, carrément. Il y a une très grosse charge affective qui se ressent. Je ne saurais pas vraiment dire pourquoi, je ne suis pas psychologue, mais c'est évident. » Le motard peut citer des raisons objectives, notamment techniques, pour expliquer qu'il aime son engin. Le cavalier tente de ne faire qu'un avec sa monture, vivante, réactive, qui a son propre comportement. Pour le surfeur et sa planche, nulle caractéristique de puissance pour susciter l'affection, nul besoin d'osmose intégrale.

« Je crois que cet amour vient du fait que la planche est fondamentalement un objet de plaisir. Et le surf étant un sport individualiste, c'est un plaisir très solitaire. » Le motard part en virée avec ses copains, et à l'occasion prend une ou deux passagères. Le surfeur est seul sur sa planche, sans parler à qui que ce soit quand il est en action. L'homme et la planche forment un couple vivant des moments d'intense intimité. L'amour est là. Ça ne signifie pas pour autant que le surfeur prend soin d'elle en permanence, qu'il ne lui arrive pas de se fâcher à l'occasion ou de la délaisser parfois. L'amour est aussi fait de moments de bouderie.

Jean-Marie Mac Millan n'est pas surfeur lui-même. « Je sais que ça va en faire bondir quelques-uns. J'ai essayé, bien sûr, j'en ai fait un peu, mais je ne me considère pas comme tel. » Qu'importe : demande-t-on à l'entraîneur d'Usain Bolt de courir plus vite que son athlète ? À un fabricant de ballons, de jouer mieux au foot que Messi ? En vingt-cinq ans en tant que *shaper*, en différents ateliers, car l'homme a la bougeotte (Avignon d'abord, puis Sausset-les-Pins, Hossegor/Capbreton, Marsillargues), Jean-Marie a acquis une expérience de son métier et une connaissance des surfeurs considérables. Il sait leur présenter l'amoureuse idéale.

« Généralement, plus le surfeur est bon, plus il appuie sa demande sur des critères techniques, et moins il se soucie du design. Et inversement, le néophyte, le nouveau-venu, attache plus d'importance à l'esthétique qu'à l'aspect technique. »

Un souvenir d'une demande particulièrement savoureuse ? Des goûts et des couleurs, on ne discute pas, certes, mais un homme souhaitait des femmes nues, lascives, dessinées sur son nouveau shortboard. « Un jour, il s'est retrouvé à Tahiti, seul dans une pirogue avec le piroguier et son épouse. En voyant les dessins, le mari s'est énervé, il avait peur que le surfeur ne drague sa femme. Celui-ci a vite retourné sa planche pour ne pas se faire casser la figure. » On ne badine pas avec l'amour.

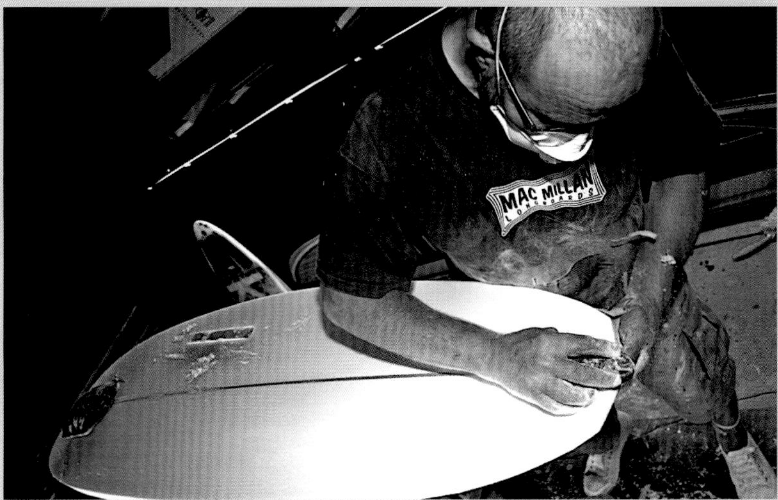

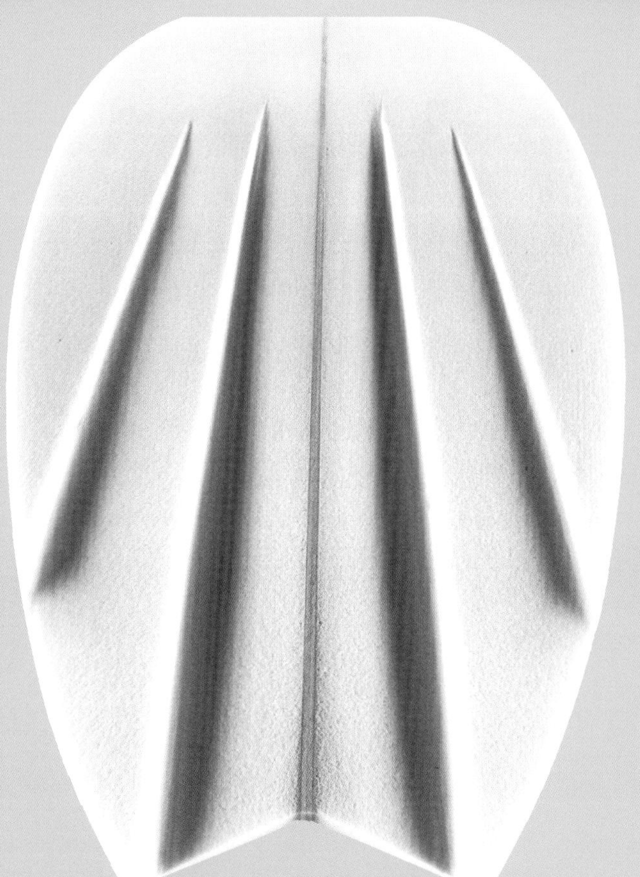

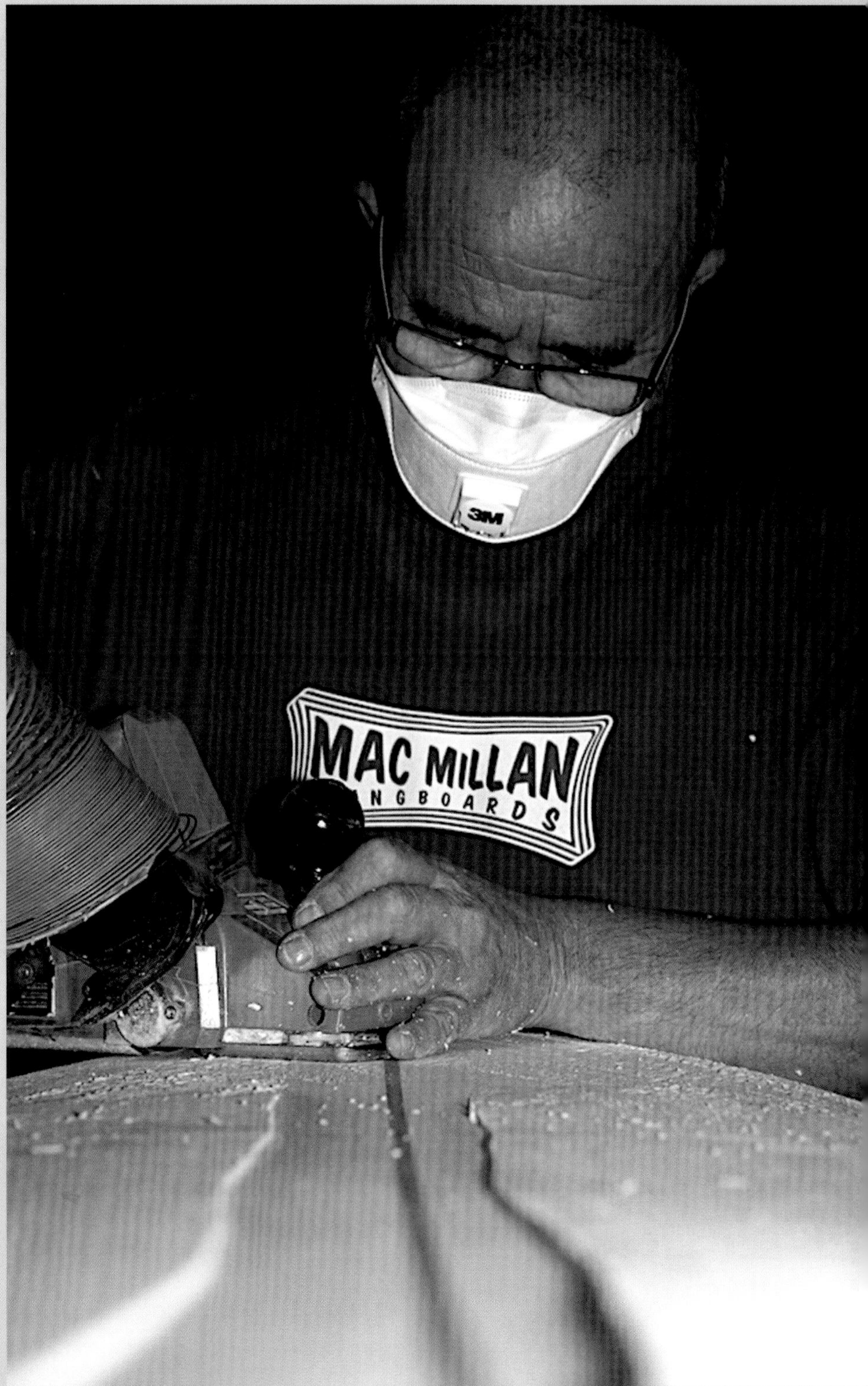

L'artiste ne fait que du sur-mesure, et cumule le triptyque shaping/glaçage/ponçage.

À gauche : En 1992, Mac Millan installe son atelier et magasin à Sausset-les-Pins, dans l'ancienne gare SNCF désaffectée de la ville, et devient l'un des premiers shapeurs en Méditerranée.

Jérémy Brasset à Bidart,
sous une lame de verre
et sous l'œil d'Eric Chauché.

La robe blanche de Belharra, vue de dos. Un spectacle époustoufflant, avec la Rhune en arrière plan.

SENSATIONS
Une vague à l'âme

Le rapport entre le surfeur et la vague est teinté de plaisir et de peur, de force et de respect. D'amour aussi parfois, comme Peyo Lizarazu et sa Belharra.

Peyo Lizarazu a épousé une vague. Oh, c'était il y a longtemps, à un âge où les passions demeurent platoniques, et personne n'a jamais eu le mauvais goût de le lui reprocher. Pas même ses maîtresses. Qu'on s'entende bien ; ses maîtresses, les autres vagues. Elles se sont fait une raison ; Peyo et la Belharra, ça ne se discute pas plus que les goûts et les couleurs, les coups et les douleurs, les fous et les douceurs... Les autres ne sont pas jalouses. Il les aime aussi. Enfin, parfois. « Une vague, c'est tout à la fois. C'est une partenaire et une adversaire, une amie et une ennemie. Elle est source de plaisir, et en même temps de souffrance, explique Peyo. Entre le surfeur et la vague, c'est une relation à 360°. On ressent tout et son contraire. »

Il n'évoque pas la peur. Sciemment. Ce n'est pas une question de superstition. Juste qu'elle est hors-sujet, concernant la vague. « Ce n'est pas la vague qui fait peur, c'est l'eau. On peut se noyer partout, même dans sa piscine ou un petit lac. Malik Joyeux, le prince des grosses vagues à Teahupoo, en Polynésie française, l'un des spots les plus dangereux du

monde, est décédé dans des vagues de deux mètres. Ça fait réfléchir sur l'importance du rapport entre la taille des vagues et le danger. » Et pour étayer son propos, Peyo raconte sa rencontre avec un sportif français de haut niveau et leur discussion à propos des vagues d'Anglet, qui parfois, dans la bouche des surfeurs, riment avec vaguelettes. « Il m'a confié qu'il avait bien failli se noyer là-bas. » Un détail permet de savourer le propos. Le grand gaillard en question était champion olympique de natation.

« L'eau est une source de plaisir. Sans remonter jusqu'à l'embryon ou le fœtus que nous étions, évoluant dans le liquide, c'est un élément naturel dans lequel on se sent bien. Pour moi, c'est un véritable bonheur de nager sous l'eau. J'ai la sensation d'être comme un poisson, j'atteins la plénitude. On a un rapport multidimensionnel avec l'eau. » Et pourtant. En surf, tout est différent : « Quand on est sous l'eau, c'est qu'il y a un problème. »

Sa plus grande frayeur, Peyo Lizarazu ne l'a pas connue sur les grosses vagues, ni même sur l'océan. Mais sur le Saint-Laurent au Canada, à l'été 2005. Sur une vague statique (presque) naturelle, tout près de Montréal, due à une excavation réalisée durant les travaux de construction de l'île Notre-Dame. Le remblai manquait et on est allé creuser au fond du fleuve pour en chercher. Une fois les travaux terminés, le trou ainsi formé a créé une vague permanente. « La mousse déferle au même endroit et j'ai voulu m'y baigner et faire du bodysurf. Mais j'ai été pris par les tourbillons et là, j'ai sans doute vécu les trente secondes les plus intenses de ma vie. Je ne pensais pas remonter à la surface, avant d'en ressortir naturellement. »

Alors, forcément, face aux tourbillons canadiens, la Belharra, sa vague, lui paraît un amour, même s'il avoue se sentir auprès d'elle « plus gibier que chasseur ». Il l'a découverte, enfant, là-bas, au large, à deux kilomètres et demi de la côte, alors que la voiture de ses parents empruntait la départementale qui

longe le golfe de Gascogne. Elle est grande, elle est belle, elle n'apparaît que quelques fois dans l'année : « C'est rare, c'est très rare, ça n'en a que plus de valeur. » Son nom complet est Belharra-Perdun, un haut-fond situé entre 14 et 18 mètres au large d'Urrugne. Le plateau rocheux présente une marche formant un surplomb qui – sous certaines conditions météo très particulières, lors des grosses dépressions sur l'Atlantique – engendre une vague gigantesque au nord-ouest de la baie de Saint-Jean-de-Luz, entre Socoa et Hendaye. Peyo et son partenaire Max Larretche furent les premiers à la surfer en novembre 2002. Et il y retourne aussi souvent qu'elle veut bien lui donner rendez-vous. L'aboutissement d'un rêve de gosse.

Une performance sportive aussi, car la belle mesure tout de même une quinzaine de mètres de haut. Ça, Peyo ne le dit jamais. À chaque question sur le sujet, il répond en boucle la même phrase ironique : « Le temps que je sorte mon mètre à ruban, que je l'accroche en haut et que je descende en bas, la vague avait finalement disparu et je me suis rendu compte que le mètre à ruban n'était pas assez long... » Ce n'est pas la taille de la Belharra qui compte le plus à ses yeux. C'est tout le reste. Il est chez lui, sur sa vague. « Le spot est magnifique, la vague et les montagnes en fond, le Jaizkibel, les Trois Couronnes, les Deux Jumeaux, la Rhune... Ces moments très spéciaux se déroulent à la maison. C'est un spectacle incroyable offert par la nature, un spectacle dont je ne me lasserai jamais, que ce soit pour le regarder depuis l'extérieur ou pour me jeter dedans. Belharra, c'est cet ensemble de choses. »

Le haut-fond Belharra-Perdun est situé au large d'Urrugne, à environ 2 km et demi de la côte.

Peyo Lizarazu est un habitué du lieu, mais reste très concentré à l'eau.

« Ce n'est pas la vague qui fait peur, c'est l'eau... »

Le tandem de confiance Max Larretche – Peyo Lizarazu. Les deux hommes surfent Belharra ensemble depuis la session inaugurale du spot, en novembre 2002.

À droite : Observation et concentration avant sa série durant le Pro France. Plage des Culs-Nus, Hossegor.

COMPÉTITION Les défis d'Ado

Née à Hendaye dans une famille de non surfeurs, Pauline Ado s'est hissée au sommet de la discipline. Elle aime la compétition, et même les compétitions.

La question a d'abord provoqué chez elle un petit rire. De ceux qui cachent l'embarras. Puis ont suivi quelques secondes de réflexion muette. Et enfin, elle a lâché sa réponse, un peu gênée : « Moi, j'aime gagner... » Le constat n'a pourtant rien de honteux. Au contraire... Il est des sportifs qui détestent perdre ; il en est d'autres qui aiment gagner. Pauline Ado fait partie de ceux-là, et c'est plutôt à son honneur que d'avoir une motivation positive dans l'approche de la compétition. N'empêche : dans un monde moderne qui fait mine de prôner l'égalité voire l'équité dans tous les domaines, le sport demeure l'un des seuls espaces où l'on classe – les bons et les mauvais –, où l'on glorifie les vainqueurs et se gausse des vaincus. Il n'y a qu'un H aspiré (et peut-être même inspiré) entre les héros et les zéros. Mais cela fait toute la différence. Et il n'y a aucune honte à aimer étalonner sa propre valeur face aux autres.

La France compte environ 300 000 surfeurs. Au doigt mouillé levé dans le vent marin, car il est impossible de les répertorier précisément. Mais seulement 77 000 licenciés en 2015. Et encore, ce chiffre inclut-il les licences « loisir » que la Fédération Française de Surf intègre désormais. Si l'on s'en tient aux pratiquants, dirigeants, moniteurs et compétiteurs, le total tombe à 17 230 au 31 décembre 2015... La différence, bien plus que dans d'autres disciplines, est colossale entre « activité physique », voire « pratique sportive », et « sport de compétition ». Peu ressentent comme Pauline l'attrait des joutes. « Pour beaucoup, le surf, c'est un plaisir, analyse-t-elle, et il est hors de question de s'imposer les contraintes de la compétition. »

Elle comprend parfaitement, car elle parle là finalement de sa propre expérience. Lorsqu'à l'âge de huit ans elle s'est essayée à la discipline, c'est la glisse pour la glisse qui l'a motivée.

Sportive de nature, elle pratiquait alors le football, le tennis, le handball ; le surf lui procurait de nouvelles sensations. Quand, un an plus tard, son club l'a poussée à s'engager dans des compétitions, elle a rechigné un temps, avant d'y aller à reculons. « Je n'aimais pas : il y avait des règles contraignantes, de mauvaises vagues à prendre... Je voulais les choisir, et du coup, je n'en prenais que deux, là où il fallait en prendre trois ». Frustration. « À l'école primaire, j'étais pourtant assez grande et assez coordonnée. Mais ma manière de surfer était basée sur la technique, beaucoup plus que sur l'agressivité. L'agressivité n'était pas innée chez moi, j'ai dû la développer. »

C'est à dix ans qu'elle a fait une grande découverte : elle commence à obtenir ses premiers « petits résultats ». Et s'aperçoit que la victoire est plutôt agréable. « Je crois qu'avant, je n'étais simplement pas encore prête. Là, ça a été le déclic. » Une sorte de tremblement de terre à l'échelle de sa planète personnelle : trois ans plus tard, elle fait partie de l'équipe de France jeunes. Tout va vite, très vite. À quatorze ans, l'ado est sacrée championne d'Europe junior. À quinze, elle remporte son premier titre de championne du monde espoir ISA. C'est à Marésias, au Brésil. Les vaguelettes du spot de la baie d'Hendaye paraissent bien loin déjà. Elle s'éclate sur les plus belles vagues du monde.

« Quand je m'engage dans quelque chose, j'essaye toujours de faire le mieux possible. Dans ma vie comme dans le sport. La compétition, c'est ça : c'est un jeu. Des défis qu'on se lance, qu'on lance aux autres. » Elle aime gagner, oui. Mais a du mal à se satisfaire d'avoir passé une série lorsqu'elle a, selon elle, mal surfé. « Le sport de compétition, c'est une remise en question perpétuelle. Il faut croire qu'on aime se torturer, parce que ça va avec. On ne peut jamais se reposer sur

Pauline Ado, ici en free surf au Mexique, peaufine courbes et manœuvres.

ses lauriers et croire que c'est fini. La compétition suivante remet tout en cause. » En février 2009 – année où elle obtient son bac avec mention –, sur les rouleaux de North Narrabeen Beach, non loin de Sydney (Australie), elle devient ainsi championne du monde junior. La première non-Australienne sacrée de l'histoire, devant trois Américaines, dont deux originaires d'Hawaii. Il n'y a pas meilleures références. Épanouie, comblée ? « Je suis maintenant très confiante pour l'année 2009, explique-t-elle alors à la descente du podium. Je veux vraiment faire le tour WQS (2e division) du mieux possible et peut-être me qualifier sur le Tour Pro. » Le titre suprême n'est pas un aboutissement. Juste une étape. « Mon but, c'était de devenir surfeuse professionnelle », se souvient-elle.

Elle le deviendra, évidemment. Arrivée sur le circuit pro, elle y brille et intègre l'élite mondiale. Elle figure dans le cercle très fermé du Championship durant quatre saisons, de 2011 à 2014. « Je n'ai jamais regretté de m'être lancée dans la compétition, mais c'est vrai que là, j'ai fait ce qu'on peut appeler un *burn-out*. Oh, ça n'a pas duré longtemps, mais c'était réel et un peu douloureux. » Il y a la pression des résultats, les déplacements incessants, la vie très particulière de la sportive de haut niveau. Et puis, tout ce qu'elle a à gérer, à côté du surf pur. Au hasard de ses pérégrinations, la voilà au Costa Rica pour une opération visant à faire passer un message écologique et à sensibiliser la population aux écosystèmes du pays, ou à Paris, pour une course de stand up paddle sur la Seine. La voilà aussi siégeant au comité directeur de la Fédération Française de Surf, ou dans son rôle de marraine de l'association Handi Surf... Elle s'impose, par amour pour sa discipline, un rôle d'ambassadrice du surf. Du surf sportif, tel qu'elle l'aime.

En 2015, année de sa victoire dans la première édition du Pro Anglet (où elle réside désormais), une épreuve de la World Surf League, elle surprend en s'attaquant – avec humour – à la perception très sexiste du surf féminin. Certes, elle concède qu'en s'offrant une apparence glamour voire sexy, le surf

Un solide *grab rail floater* pour terminer la vague.

féminin a incité « énormément de filles à s'y mettre. Avant cela, le surf avait une image masculine. » Mais elle regrette que cet aspect vampirise désormais la perception de la discipline. Alors elle a gentiment pris le contre-pied dans un petit film. Elle y apparaît en bikini, très sobre par rapport à la tenue de certaines « sirènes » mais mettant néanmoins en valeur son corps et son *sex-appeal*. Pas un mot, jusqu'à un gros plan sur son visage : « Bon, c'est fini les bêtises maintenant ? On peut aller surfer ? » Silence à nouveau sur des images spectaculaires correspondant à ce qu'elle aimerait voir plus souvent : l'océan, des vagues, une surfeuse, une vraie, en action. Elle.

Fini les bêtises ? Le temps viendra forcément où Pauline, née le jour de la Saint-Valentin 1991, devra prendre sa retraite sportive. Imagine-t-elle sa vie sans compétition ? « Évidemment, un jour, la motivation sera sans doute moins grande, ce sera plus compliqué d'accepter les contraintes… Un jour, j'arrêterai. Mais ce qui est certain, c'est que je ne peux pas imaginer ma vie sans le surf. Sans le plaisir d'être dans l'eau. Ça, je n'y renoncerai jamais. »

“ L'océan, des vagues, une surfeuse, une vraie, en action. Elle. ”

Balade française

Une flânerie photographique qui défie les milles nautiques.

Dimitri Ouvre s'aventure dans l'antre à fleur d'eau de « Vanthrax », une vague située entre Hendaye et Saint-Jean-de-Luz, qui n'est pas accessible à la rame.

Le bowl de Teahupoo, arène spectaculaire de l'engagement du surf contemporain.

Ramer : contre le courant, pour se placer, pour passer la barre, pour prendre la vague. Une activité qui occupe plus de 90 % du temps passé à l'eau. En elle réside l'essence de la discipline : c'est le prix à payer pour ces secondes d'extase.

Une série décale sur le spot de Diamond Head,
commune de Saint-Clément-des-Baleines, île de Ré.

Ambiance au line-up,
à la pointe de La Torche.

Ronan Châtain lors d'une session
de tow-in dantesque à Basse Bouline,
à la pointe sud-ouest de la Bretagne.

Le mascaret emporte avec lui près de la moitié de la marée montante. Ici, en Gironde.

« C'est d'abord un frisson mystérieux qui glisse,
Puis, un grondement sourd qui s'enfle à chaque instant
La rivière, on dirait, se crispe et se hérisse
Dans l'effroi du baiser monstrueux qu'elle attend

Soudain, la galopante effarante des vagues
Paraît, et la barre au loin tout le chenal bloqué :
Sa masse, où le soleil pose des lueurs vagues,
Accourt en ouragan, s'écrase sur le quai.

Et s'étale... L'écume, en pluie imperceptible,
S'éparpille et voyage en rafales dans l'air ;
Et, sous les profondeurs, se consume, invisible,
Le gigantesque hymen du Fleuve et de la Mer. »

Maurice Levaillant, poésie publiée au recto
d'une carte postale ancienne, circa 1903.

Cet ensemble de vagues se propage sur plus de 150 km de distance, puis disparaît dans les zones où le courant de marées est affaibli.

Antony Colas, chantre des « ragondins »

Pour surfer la rivière, il faut une bonne dose d'abnégation. Et un mascaret qui s'y prête, comme celui de Saint-Pardon, en Gironde.

Comment décrire le phénomène sans avoir recours à l'à-peu-près ? Un mascaret, disons, c'est le moment où la goutte d'eau fait déborder la vase. Où le courant de la marée montante (la goutte) rencontre le flux inverse et naturel du fleuve. Le premier vient de la mer, le second voudrait s'y rendre, chargé de ses boues, végétaux et autres cocasses substances variablement appétissantes (la vase). Le point de rencontre, indiscernable, se situe dans l'embouchure ou le cours inférieur de la rivière. Mais il arrive, en certains endroits, qu'il forme une vague, plus ou moins haute en fonction de la topographie du lieu (profondeur, largeur du lit, déclivité, forme de la baie, présence ou non de bancs de sable et méandres). Cette vague remonte avec obstination le cours d'eau et on l'appelle alors mascaret, du substantif gascon « mascaret » qui définissait les bœufs aux faces tachetées de noir, blanc et gris. Le phénomène naturel rappelle semble-t-il la vision de leurs troupeaux en marche, ondulant à l'horizon.

En France, le mascaret existait sur de nombreuses rivières : Charente, Seine, Gironde, Garonne, Dordogne… Il ne subsiste aujourd'hui qu'en Gironde.

Une espèce en voie de disparition que ce jeu d'eaux – les bœufs, eux, survivent – car les aménagements modernes des berges et des côtes tendent à en limiter, voire annuler, les effets. C'est le cas, par exemple, sur la Seine, où les « terrains vagues » ont laissé place à une platitude plus « navigablement » correcte. En France, le phénomène n'existe plus qu'en Aquitaine (Dordogne et Garonne), Normandie (mascaret du Mont-Saint-Michel) ou en Picardie (baie de Somme). Au niveau mondial, la raréfaction le guette aussi, mais demeurent les mascarets les plus spectaculaires avec les célèbres vagues du Guanchao sur la Qiantang en Chine, la Pororoca sur l'Amazone au Brésil ou le Bono du fleuve Kampar sur l'île de Sumatra, en Indonésie.

Heureusement, donc, la France compte encore un mascaret d'importance, qu'on célèbre chaque année comme il le mérite.

C'est au confluent de la Garonne et de la Dordogne qu'une vague créée sur les fleuves par la marée montante s'avance sur un front de trois kilomètres avant d'arriver à l'île Cazaux, où l'embouchure du fleuve se rétrécit. La force de la marée s'en trouve amplifiée ; le vent change ; les hauteurs d'eau varient, rompant l'équilibre… Cela se produit deux fois par jour, mais, sur une année, seuls une cinquantaine de mascarets sont remarquables, aux moments des marées à fort coefficient. Alors, on surfe…

Au mois de septembre, ils sont trois à quatre mille à se rassembler en Gironde sur le port de Saint-Pardon pour la fête du Mascaret, organisée par l'Association vayraise du mascaret. Bandas et concerts pour égayer la soirée jusque tard dans la nuit. C'est un festival. Celui des « ragondins », comme les surnomment avec commisération, voire condescendance, les « nobles » adeptes des « nobles » vagues atlantiques. Les surfeurs ou kayakistes de Saint-Pardon, il est vrai, semblent patauger plus que s'éclater, et de surcroît dans un liquide peu ragoûtant. Braver la vague signifie davantage ici accepter son allure glauque et ses senteurs nauséabondes que courir le danger qu'elle vous écrase sur le fond. Les goûts et les odeurs ne se discutent pourtant pas.

Oui, comment décrire le phénomène ? Pas le mascaret, l'autre. L'expert en « ragondinerie » de luxe. Cet Antony « Yep » Colas qui semble appartenir à l'une de ces espèces de poissons d'eau douce s'adaptant aussi allègrement à la salinité qu'à la supposée douceur des fluides fluviaux. L'homme se définit comme un surfeur « mixte », il affirme ne pas sentir les parfums de cette « crème de vase chocolatée », dont il vante même « les moments magiques où l'aspect marron se transforme en miroir… » Un poète. Cela ne l'empêche pas d'être un surfeur de mer ou d'océan. En témoignent par exemple les croisières safari-boat pour le surf qu'il organise aux Maldives. Il s'y est

> « C'est comme une boule de billard qui rebondit, ou plutôt comme un monstre marin qui apparaît et disparaît... »

Antony Colas est journaliste et photographe. Le mascaret est devenu depuis 1998 son terrain de jeu de prédilection.

installé après un long passé d'explorateur dans plus de cinquante pays à la recherche de la vague idéale. Le néologisme « spotologue » semble avoir été inventé pour lui... Symbole de sa dualité, il est à la fois l'auteur des guides « Stormrider », et du premier livre en français sur les mascarets, qu'il a publié à compte d'auteur en 2014. *Mascaret, l'onde lunaire* est un très bel ouvrage, fruit de quinze ans de recherches.

Le mascaret, Antony Colas en est le chantre. « C'est comme une boule de billard qui rebondit, ou plutôt comme un monstre marin qui apparaît et disparaît... La fugacité du phénomène fait une partie de sa valeur. » Son côté prévisible ? « C'est vrai qu'il donne rendez-vous. On sait presque à la minute près à quelle heure de quel jour la vague arrivera. Un rendez-vous naturel, astral, comme si un grand ordonnateur ouvrait soudain les vannes au moment où tout le monde est prêt. » Dès lors, tout est quantifiable. En Dordogne, le mascaret avance à une vitesse de 10 à 20 km/h (il ralentit lorsque le fond est moins profond) ; la vague n'est pas de hauteur constante mais peut atteindre 1,50 m ; elle se déplace sur toute la largeur du cours, se creusant, s'aplatissant, se bombant, disparaissant et réapparaissant.

Côté surf, c'est « une glisse en lenteur, tout en observation, explique Antony Colas. Tout en anticipation aussi. Sur un mascaret, il faut trouver la trajectoire idéale. On prend les virages à l'intérieur plutôt qu'à l'extérieur, on manœuvre, il y a une vraie logique de surf. C'est une sensation tout à fait différente. Mais on prend du plaisir aussi. » Et c'est une pratique tout aussi respectable que le surf « marin ». Contrairement aux apparences, l'exigence physique est également importante, même si elle n'est pas de même nature. « Quand la vague se déplace à 15 km/h, c'est sécurisant. Mais l'effort dure beaucoup, beaucoup plus longtemps. On peut remonter la pente pendant cinquante ou même cent kilomètres, et forcément c'est un travail d'endurance. Rester plus d'une heure sur sa planche, je peux vous assurer que c'est une performance athlétique. » N'en déplaise aux sprinters de l'océan, les marathoniens s'avèrent des « ragondins » plutôt robustes.

Réunis par la grande horlogerie de la marée, surfeurs, adeptes du canoë-kayak, du paddle, célèbrent ensemble cette onde déferlante.

Le mascaret de la Seine – aujourd'hui disparu – était énorme, dépassant plus de 4 m au centre du fleuve.

En Gironde, le mascaret ne peut pas remonter plus haut que la marée, soit à La Réole sur la Garonne et à Génissac sur la Dordogne.

"Le processus de création est le même
que pour un tableau ou une sculpture..."

"En route pour Biarritz, prêts à affronter 8 heures de route, nous rencontrons Basile Dell à Montmartre. Il sera notre covoitureur pour ce périple. Basile est photographe de mode et de voyage, et il a l'intention de prendre des photos des surfeuses participantes aux championnats du mode de longboard. Ça tombe bien, nous y allons aussi, en tant que tandem surfeurs. On s'entend tellement bien qu'on lui propose de loger avec nous. Le résultat de cette rencontre est une série de clichés, classés parmi nos préférés."

« Durant l'été 2008, nous avons organisé une série de démonstrations et initiations appelées "Tandem Breizh tour", en partenariat avec les écoles de surf bretonnes. En plus de découvrir des nouveaux spots et parcourir les routes, nous avons fait des rencontres inoubliables. Un souvenir cher de nos dernières années en France. »

TANDEM

Aurélie et Frédéric Branger partagent leur vie et leur planche. Mais aussi leur amour du beau, et ce avec le plus grand nombre.

On a connu plus romantique et chic. Ce fut tendrement choc... Aurélie et Fred se sont rencontrés dans une voiture. « Quinze jours plus tard, je m'incrustais chez elle », résume-t-il. « Quinze jours plus tard, il s'installait chez moi », corrige-t-elle. Jeu de mots, jeu sur les mots. « Dans le mot je t'aime / Trop de M / Et jamais, jamais un seul N », chantait Vanessa Paradis, dans le titre-phare de son album *Variations sur le même t'aime* paru en 1990. Une chanson aux paroles écrites par Serge Gainsbourg, « Tandem »...

> Pas pour le plaisir de s'exhiber, pour celui de partager leur plaisir et leur vision.

La voiture des duettistes, c'est celle d'un partage. Déjà, car désormais ce sera leur maître-mot. Un covoiturage, en fait. Aurélie habite Paris, et rêve d'escapades au bord de la mer. Frédéric, lui, est surfeur, en tant que pratiquant et professeur, ouvert aux rencontres. Ils se trouvent un point commun : la Normandie où il a vécu, comme dans bien d'autres endroits, et où elle a grandi. La route fait le reste. Leur avenir se dessine au son du moteur. Plus tard, ils s'installeront en Normandie, puis plus en bas dans le Sud-Ouest avant de rejoindre l'Australie où ils résident désormais. Huit ans plus tard, M. et Mme Branger ont deux jeunes enfants. Ils les mettront sur des planches, un jour. Enfin, s'ils le souhaitent...

À l'époque, Aurélie ne pratique pas le surf. Elle ne le découvrira qu'à l'âge de vingt-cinq ans. Frédéric, en revanche, voit des années de pratique lorsqu'il regarde dans le rétroviseur. En Gironde, dans les Landes, puis même en Californie, à San Diego, où il est parti faire ses études. Il les a financées en donnant des cours de surf, sous la direction d'un boss ayant pour particularité de pratiquer en tandem. Une discipline qui a connu son heure de gloire dans les années vingt et trente aux États-Unis mais que l'arrivée des shortboards un demi-siècle plus tard a rejetée dans l'ombre.

Frédéric fut séduit : « J'aime bien explorer un sujet en profondeur, et j'avais l'impression d'avoir fait un peu le tour du surf. Ce retour aux longboards, aux vieilles planches, sur des vagues adaptées, m'a vraiment tenté. D'autant que par tempérament, j'ai beaucoup d'attirance et de respect pour l'histoire. » Il se lance alors en duo, avec – il faut bien l'avouer – une idée derrière la tête : « C'était aussi une super façon de rencontrer des filles... » Un *Frenchy* reste un Français, même sur la côte ouest des États-Unis. Passons un voile pudique sur la planche et revenons à la voiture.

Forcément, Frédéric a parlé surf. Et évidemment, Aurélie a été séduite. Par l'homme et son sport. Lui y est venu par la natation que sa mère tenait à lui faire pratiquer. Elle, qui s'était vaguement adonnée à la gymnastique et au patinage artistique, est attirée par le cirque, les acrobates, la danse. Passionnée de dessin, de peinture, de sculpture, elle a été portraitiste durant les étés de sa vie étudiante, puis graphiste. Elle aime les belles choses. Et l'idée de réaliser des portés élégants et esthétiques est déjà née. Après avoir partagé une voiture, ils vont partager la planche. C'est écrit.

« En tandem, j'aime produire des images, explique Aurélie. Le processus de création est le même que pour un tableau ou une sculpture : je fais des recherches visuelles, j'ai une idée de pose et boum, c'est figé dans ma tête. L'aventure commence, l'obsession avec elle, parfois. » Frédéric de surenchérir : « Nous partons, comme en mission, pour un défi. » Travailler la pose au sol puis à l'eau prend parfois des mois, voire des années... Alors, « plusieurs photos sont prises par différentes personnes, dans différents spots, dans différentes conditions, commente Aurélie. Et un jour, l'image est là ! » Le photographe s'est parfaitement placé par rapport au porté, les rayons du soleil ont la bonne inclinaison, la vague est belle, et l'image correspond enfin à leurs souhaits.

C'est un tour de force, puisque évidemment, outre son aspect élégant, un porté – ils en maîtrisent environ quatre-vingts différents – constitue une prouesse physique et requiert un entraînement quotidien. Il faut être prêt à s'adapter à tous les types de vagues, à toutes les conditions pour éviter la chute. Les sourires de rigueur, les jours d'exhibition, se préparent dans les grimaces d'effort des séances de préparation. Même s'ils en parlent peu, comme pour éviter d'accompagner la magie visuelle d'odeurs de transpiration. L'important n'est pas là, à leurs yeux. Ce n'est pas la souffrance qu'ils souhaitent partager, mais le plaisir. C'est son tempérament à lui, professeur dans le civil, qui parle de la dimension artistique de leur activité. C'est sa nature à elle, qui évoque son souci d'esthétique.

« C'est en fin de journée, les lumières sont incroyables, nous ramons d'Antifer à Étretat. Je pense que les impressionnistes qui ont célébré cette plage auraient adoré nous accompagner. »

Alors, ils partagent. Entre eux, déjà : « La pratique du surf, explique Fred, est parfois un peu individualiste, et cela fait beaucoup de bien de se retrouver à deux, avec une partenaire en qui on a toute confiance ». Avec d'autres aussi : cette discipline a permis à Fred d'offrir de jolies sensations à un handicapé de la route, amputé des deux jambes, à des personnes myopathes, autistes, trisomiques, qu'il a accompagnées sur sa planche. Partage avec le public qui regarde depuis la plage leur performance en direct, que ce soit sur le sable pendant leurs séances de mise au point et de création ou sur l'eau : « C'est un spectacle gratuit, un cadeau, estime Fred. Je pense qu'on contribue au plaisir de la communauté. » Partage avec les autres surfeurs, qui n'hésitent pas à interrompre parfois leur propre entraînement pour les observer. « On est regardés, c'est sûr, Aurélie et moi. Les gens sont très gentils. Je crois qu'ils nous contemplent comme je le fais avec des artistes pendant un spectacle de cirque. »

Ils ne comptent plus les *clinics*, démonstrations, *workshops*, exhibitions, shows, spectacles, festivals, évènements auxquels ils ont pu participer ici et là. Dans de petites ou grandes écoles de surf, sur la presqu'île du Cotentin, à Étretat, sur l'île d'Oléron... Partout où ils le peuvent, toujours prêcher la bonne parole, pour développer leur discipline ou simplement la garder en vie. Ils ont en revanche arrêté la compétition, que les intérêts conjugués des compétiteurs, juges, sponsors et organisateurs rendent trop individualiste.

Ils se font photographier, filmer, pour permettre au plus grand nombre de les accompagner dans leur quête de beauté. « J'aime produire des images », répète Aurélie. Instantanées et fugaces, en direct. Et éternelles par le biais du numérique. Pas pour le plaisir de s'exhiber, pour celui de partager leur plaisir et leur vision. Fred et Aurélie s'aiment. Fred et Aurélie aiment. Leur discipline, leur public. Les autres. Tandem.

" La Corse, aux 1 047 km de côtes aux profils contrastés, offre un fabuleux terrain de jeu aux audacieux. "

Debout, damnés de la mer !

Stand up, être debout, en anglais. *Paddle*, rame. Associés, les deux mots qualifient une discipline dans laquelle excelle Jean-Valère Bordenave, en Corse.

Jean-Valère est *shaper*. Un artisan, un artiste autodidacte dans la conception et la fabrication sur-mesure de planches de surf et de stand-up paddle de haute qualité. Ses planches trônent régulièrement sur les podiums en compétition.

Enfin, il est bien plus que cela : sportif par nature, *waterman*, plongeur-chasseur au harpon, ex-compétiteur, connu sous les sobriquets de « Tigre » ou « Diable du Cap Corse » en référence à sa motricité impressionnante et à ses origines. L'homme de Pietranera est aussi entraîneur, titulaire de quatre brevets d'État dans le secteur de l'enseignement et de la promotion des activités physiques et sportives, en natation ou en surf ; dirigeant, organisateur et administrateur ; formateur aussi, à l'École de surf et de stand-up paddle du Cap Corse...

À lui tout seul, il est une sorte de couteau suisse. Surfeur en un mot. Complet en guise de qualificatif.

Le déclic, pour Jean-Valère, a lieu en Polynésie, en 2004. Depuis l'âge de douze ou treize ans, ce Corse pratique le surf. Dix-sept ans d'expérience derrière lui, des milliers de vagues sous sa planche, et devant, la vision des pirogues polynésiennes et de leurs rames. Des rames utilisées pour avancer,

À gauche : À G-Land, sur Java. Une performance de SUP inédite sur ce spot qui a marqué les esprits. Jean-Valère raconte : « 12 pieds de swell se sont pointés juste après que je me sois fait une entorse au genou. "Lauching pad" envoyait un solide drop qui propulsait directement dans la section appelée "speedies". J'étais impatient, je bouillonnais. Et s'il m'était impossible de faire un take-off en surf avec mon genou, je pouvais en revanche tenir debout sur mon paddle. »

Une vague déroule au large du golfe de Lava, en Corse du Sud.

mais également en guise d'appui par des surfeurs. Cela fait tilt immédiatement : « Ça m'a tout de suite parlé. » Nous y voilà donc. « J'ai été immédiatement attiré par cette idée de pratiquer le surf avec une rame et, de retour en Corse, j'ai rapidement commencé à bricoler, à en faire de manière occasionnelle. » La discipline s'appelle le stand-up paddle – « SUP » en guise de petit nom câlin – et son « inventeur » moderne (au début des années quatre-vingt-dix) est un free-surfeur américain originaire d'Hawaii, Laird Hamilton. Le même qui commencera à commercialiser ses planches en 2006, avant que les premiers flotteurs européens n'apparaissent.

« C'est un excellent palliatif au surf, explique Jean-Valère Bordenave. Pour trois raisons essentielles : on peut le pratiquer dans toutes les conditions et il offre un spectre beaucoup plus large de sites. » Et d'énumérer les possibilités pour le pratiquant : dans les vagues, *down wind* (vent arrière), sous forme de raid ou d'excursion, pour explorer les côtes, en rivière ou plan d'eau… Voire comme méthode douce de remise en forme et de maintien de la condition physique. Enfin, cerise sur la planche, « de toutes les disciplines de glisse, le SUP mérite la palme de l'accessibilité ». Pour le novice, à peine cinq minutes, par mer calme, suffisent pour parvenir à « évoluer avec plaisir »… La position, il est vrai, est plus naturelle pour l'*homo erectus* qui a mis tant de millions d'années à se redresser : « L'approche, dans le surf classique, allongé sur sa planche, est physiquement exigeante et difficile. Être debout pour avancer s'inscrit mieux dans la logique de nos réflexes. »

La planche de SUP est surdimensionnée et la rame constitue non seulement un point d'appui mais également un moyen de propulsion, permettant de se déplacer plus rapidement pour aller cueillir certaines vagues qui seraient inaccessibles

Un waterman accompli n'hésite pas à se jeter en SUP dans un shorebreak landais.

de façon traditionnelle. Ensuite, elle induit un type de glisse et des sensations à part. Une nouvelle manière de surfer, avec « une prise d'informations totalement différente, grâce à la position de la tête. La vision debout sur l'eau que procure le SUP facilite les repères. »

Sa popularité croissante a généré des débats : « Certains n'aiment pas, admet stoïquement Jean-Valère Bordenave. Cela crée quelques problèmes de cohabitation et je le comprends car il faut respecter les règles du surf. Ce n'est pas une question d'engins, mais de mentalité et d'éducation. Je m'efforce de faire le lien entre toutes les formes de ce sport. Être allongé, à genoux, debout, avec des palmes, à la force des bras ou avec une rame, importe peu. Nous glissons tous sur les vagues, et l'émotion extraite est universelle. Au-delà du sport, les disciplines de vague sont aussi une activité spirituelle qui nous lie à la force et à l'énergie de la nature, mais aussi aux autres. Je pratique autant le surf que le SUP en vague. Je choisis l'activité en fonction du spot du jour mais une chose est immuable, je remercie toujours la mer pour chaque session qu'elle nous offre. C'est fondamental et cette approche du surf est forte, ici. »

Son domaine, c'est la Corse, et ses 1 047 km de côtes aux profils contrastés, offrant un fabuleux terrain de jeu à toutes les audaces. De la mer d'huile sans clapot avec ses vagues longues résiduelles à la houle des spots de « gros surf » où les fosses de 2 000 mètres de profondeur, les hauts fonds de granit, sur le versant ouest de l'île, créent des « grosses vagues, surprenantes », *dixit* l'expert. En passant par la spécialité locale, les « vagues de vent », souvent de petite taille, qui déferlent en droites et sont particulièrement adaptées aux longboards... Le littoral de l'île de Beauté regorge de secrets éphémères.

Farinole, porte d'entrée du Cap Corse.
Jean-Valère en frontside snap,
avec style et pagaie bien plantée.

Le repaire de Jean-Valère Bordenave est situé au Cap Corse, où il réside, sur les spots aux eaux cristallines donnant à l'ouest sur le splendide décor des Agriates et à l'est sur l'archipel Toscan. On y trouve la plage de Farinole où des fonds sablonneux très progressifs cambrent les vagues de manière douce et régulière. C'est idéal pour apprendre le surf, comme le SUP. Non loin, les plages de Sisco et de Santa Severa sont également propices aux débutants, alors que les spots de Miomo et Erbalunga s'adressent aux surfeurs confirmés. Sur ceux d'Albu ou de Giottani – avec leurs vagues parfois redoutables et quelques dangereux rochers à fleur d'eau, seuls les plus aguerris s'aventurent par houle d'ouest. Toutes les houles sont à célébrer. Les yeux rivés sur la Méditerranée, debout ou couchés, les surfeurs, ici, ne savent pas où donner de la tête.

Un grand mouvement statique

Non loin de Grenoble, tapie dans l'ombre de la vallée du Grésivaudan, une vague statique occupe toute la largeur de l'Isère. Benjamin Lévêque raconte, de l'intérieur, une session de surf fluvial.

« D'abord il y a l'appréhension… Même s'il fait beau, même si l'on est au mois de juin, la crue provient de la fonte de neige : aussi, l'eau est froide, souvent d'une couleur marron peu engageante, le débit impressionnant et le vacarme ahurissant ! Mais les copains sont là pour maintenir la motivation au plus haut niveau. On installe la corde, réglée au millimètre pour éviter qu'elle ne traîne en arrière de la vague et ne nous fasse courir le risque de nous emmêler en tombant. On waxe les planches face aux montagnes enneigées. On enfile les combis 4 ou 5 mm, les gants et chaussons qui ne sont jamais de trop une fois dans l'eau. Le casque et le gilet de flottaison ne sont pas superflus non plus, mais le leash peut en revanche s'avérer très dangereux en s'accrochant aux branches, rochers ou aux cailloux du fond. Chacun fait bien comme il le sent.

J'ai effectué mes premières tentatives de surf sur vagues statiques en région parisienne dans les années quatre-vingt-dix. Au lycée, un copain me montrait des petites diapos de vagues statiques sur la Marne, où il s'amusait avec son kayak. On distinguait à peine quelque chose, mais cela me

Sur une rivière d'eau vive, une rupture de pente ou un obstacle à l'écoulement de l'eau forme parfois une vague statique.

Ici, c'est un déversoir de faible hauteur et en pente douce qui crée une vague sur toute la largeur de l'Isère.

faisait rêver. Ensemble nous avons fait quelques tentatives dans le barrage de Joinville-le-Pont, dans le Val-de-Marne, avec des flotteurs de planche à voile. J'ai le souvenir de sacrés coups de pression – lorsque je me suis laissé tomber dans un barrage au débit conséquent, par exemple – mais pas d'avoir réussi à surfer de quelque manière que ce soit. Cela a bien changé depuis...

Comment sera la vague alpine aujourd'hui ? Une longue épaule un peu molle ou un pic joueur ? On a bien guetté les débit et hauteur d'eau sur Internet avant de venir, mais tout change très vite et même en cours de session la vague se transforme. Le meilleur créneau semble être en fin d'après-midi : quand la neige a fondu sous le soleil ou quand EDF ouvre les vannes, qui sait ? Détail d'importance : lors des grosses crues, il y a parfois d'énormes troncs d'arbres qui passent. Cela vaut la peine de regarder avant de se lancer, sous peine d'en rencontrer un de trop près... Mais une fois dans l'eau, on n'y pense plus !

Pour un démarrage en douceur, on se jette à l'eau allongé sur la planche avec la corde en main pour aller se placer tranquillement dans le creux de la vague et se lever dans un *take-off* acrobatique. Cela dure parfois plusieurs minutes, avec toutes sortes de positions intermédiaires. Il faut imaginer : une seule main sur la planche car l'autre tient la corde ; il s'agit de placer la main au centre de la planche, maintenir l'assiette et se relever doucement en effectuant un transfert pour placer le pied avant à la place de la main. Cela se termine souvent en chute au moment où l'on se retrouve les deux genoux sur la planche dans une position de knee-board d'où il est délicat de sortir... Une fois debout, les repères et les pieds bien en place, les appuis sont bons ; on est comme en *wake*, tiré derrière un bateau. Il est temps d'aller se placer au bon endroit pour pouvoir lâcher cette corde qui commence à faire mal aux mains ! Les bons jours, les habitués se jettent directement du bord, et se retrouvent debout en une fraction de seconde comme les surfeurs munichois (*). Il y a également la tentation de se mettre à l'eau en amont, de se laisser filer avec la rivière pour faire un véritable *take-off* à la rame. Quel que soit le moyen, le but est de se retrouver debout sur une planche de surf au milieu d'une rivière.

Et là, ce sont des sensations à la fois différentes et similaires à celles que l'on peut éprouver sur l'océan. Les appuis sur le surf sont assez semblables, mais le fait que ce soit l'eau qui défile sur la vague de rivière plutôt que la vague qui avance

vers la plage, change beaucoup de choses. On ne trouvera jamais de creux très marqué et encore moins de tube ; en revanche le plaisir de pouvoir « surfer infiniment » est grisant. C'est un excellent moyen de progresser sur ses appuis. On peut faire de bons *cut-backs* et venir se placer à différentes hauteurs sur la vague. Une saison, j'y ai passé de longues minutes en *fakie* pour m'entraîner avant d'aller surfer en kite les belles vagues cap-verdiennes.

Au fil des minutes, les muscles se tétanisent, on envoie de plus en plus fort et c'est la chute ! La première fois, j'ai ressenti cette impression très étrange de rester sur place. En mer, on sent la vague qui nous passe par-dessus : là, on part immédiatement avec le courant. Et comme l'eau ne glisse pas sur notre peau, on a l'impression de rester sur place et d'être bloqué dans la vague qui forme parfois un rouleau. Mais en fait tout va bien et, quand on ressort la tête de l'eau, on est déjà loin de la vague, on flotte comme un bouchon dans la rivière et on s'éloigne très rapidement. Il faut alors retrouver ses esprits, sa planche, et regagner le bord pour remettre ça au plus vite. Le gilet aidera à passer cette phase plus sereinement.

Le leash permettra de rester solidaire de la planche qui se retrouve parfois très éloignée. Elle peut même continuer à surfer toute seule ! Mais ce leash devient traître s'il s'accroche au fond, dans les cailloux. L'un de mes copains a bu une bien grosse tasse de cette façon ; heureusement c'est le leash qui a lâché. Donc pour moi, pas de leash, tant pis si je nage un peu plus longtemps à la recherche de ma planche dans tout ce fatras de vaguelettes et de remous qui se forme derrière la belle vague *glassy*. Lorsque je tombe, j'essaye d'agripper ma planche avec mes pieds ou mes mains pour l'emmener avec moi, comme le faisaient probablement les surfeurs d'eau salée avant l'invention du leash. Et, si je suis suffisamment rapide, j'ai le temps de regagner le contre-courant qui me ramène en vitesse au *peak* sans même avoir à marcher le long de la berge.

Une fois la session terminée, il ne faut pas oublier de gratter les piqûres de moustiques des copains qui sont restés au bord pour filmer, photographier ou simplement admirer. Le surfeur et la combi doivent passer sous une bonne douche d'eau claire. J'ai décidé une fois de ne pas rincer ma combi après une session, comme cela peut m'arriver en sortant de l'océan, et de me contenter de la faire sécher : mais à la session suivante, une semaine plus tard, je suis ressorti boutonneux de la tête aux pieds ! Est-ce ça ou autre chose ? Aucune idée. Mais depuis, je prends soin de bien la rincer après chaque utilisation ! »

(*) En plein cœur de Munich, en Allemagne, la rivière artificielle Eisbach (en fait un bras détourné de l'Isar qui traverse la ville bavaroise) compte trois vagues statiques. La première (d'environ un mètre de haut) est située dans un parc, le Englischer Garten, et constitue un véritable spot de surf, très populaire. Les deux autres (une centaine de mètres plus bas, à côté de la station de métro Thalkirchen) sont plus calmes. Dans la même ville, une vague statique a été créée dans une gigantesque piscine, dans l'aéroport.

> « Lors des grosses crues, il y a parfois d'énormes troncs d'arbres qui passent. »

Sécurité...

Quelques règles de sécurité fondamentales pour le surf de rivière : Ne jamais surfer seul. Porter un casque et protéger sa nuque. Le port d'un gilet de sauvetage est recommandé. Un dispositif de corde d'eau-vive est obligatoire (et pratique pour se placer dans la vague, surfer plus longtemps). À l'instar du rappel en canyoning, le coéquipier doit idéalement laisser filer la corde au fur et à mesure de l'éloignement du surfeur sur la largeur de la rivière. Un couteau est indispensable : en cas de chute, un leash emmêlé au fond ne pardonne pas. Penser enfin à nager à plat pieds aval ou a 45°du courant : les rochers, souches, troncs d'arbres coincés sont des pièges mortels.

En août 2015, l'influent *TIME* titrait sur la réalité virtuelle, et donnait des éléments de réponse à une question majeure : « en quoi va-t-elle changer le monde » ?

Tubez à Mundaka sans traverser la frontière espagnole.

FUTUR
Planche à lunettes

Plus besoin d'enfiler une combinaison pour chevaucher la vague de son choix.

Au pays Basque, on peut surfer sans eau, ni douce ni salée ; et sans vague, ni grande ni petite… À Biarritz, le simulateur de surf de la Cité de l'Océan, le parc à thème ludo-scientifique, offre la possibilité de chevaucher virtuellement en toutes saisons cinq célébrités aux profils bien distincts : la vague historique de la côte des Basques, berceau du surf européen ; la vertigineuse Belharra ; la gauche parfaite de Mundaka, au Pays basque espagnol ; les vagues puissantes et rapides de La Gravière à Hossegor ; et celles, mondialement connues, de Lacanau.

« Virtual Surf », c'est le nom de l'attraction, combine trois technologies avant-gardistes : un jeu de sports de glisse, référence pour les surfeurs du *net* en raison de son réalisme (*YouRiding*) ; un masque de réalité virtuelle permettant la spatialisation en 3D (Oculus Rift) ; et une caméra qui détecte les mouvements du corps du joueur afin de diriger le personnage (Kinect). Face à cette caméra, le joueur s'installe, pieds sur le sticker de la planche (bien réelle), et lunettes fixées sur la tête.

Il ne lui reste plus qu'à lever les deux bras, et c'est parti ! Épaules en avant, il accélère ; épaules en arrière, il ralentit. Il peut alterner *rollers* et *cutbacks*, tuber sur toute la longueur d'une section, tenter des *floaters*, et même s'envoler en *aerial* en grabant au-dessus de la lèvre. Quel que soit son niveau, il ressent les sensations habituelles de glisse et de vitesse. Et lorsqu'il s'arrête, après 2 minutes 30 de *run* immersif, un score lui est attribué. Il peut même revivre sa session, enregistrée d'un autre point de vue, sur un écran. Le résultat est éclaboussant de vérité.

Car tel est l'enjeu. La fin du XXe siècle nous avait déjà appris à « surfer » sur le *net*. Les mots ont leur importance : on utilise le réseau informatique sans vraiment savoir ce qui se passe en-dessous, en profondeur. Le début du XXIe est celui où la fiction cherche à remplacer la réalité. Les chercheurs des fabricants informatiques rivalisent de prouesses technologiques pour concocter des lunettes de plus en plus performantes de « VR », en anglais : v*irtual reality*, ou réalité virtuelle en français. Les caméras filment à 360° pour permettre une immersion totale du spectateur dans l'image, et lui donner l'impression d'être acteur de l'action. Les lunettes hypersophistiquées n'ont pas pour but de vous aider à surfer, mais de vous faire ressentir les sensations du champion, que vous ne serez peut-être jamais, à l'attaque des plus belles vagues du monde. Des vagues si lointaines, si inaccessibles, et pourtant disponibles *ici* et *maintenant*. Et ça marche. Les prémices de cette grande révolution du « simulacre vrai », notamment ceux appliqués au surf, sont prometteurs, tant les images sont trompeuses. Réelles.

Surfer grâce à un casque de réalité augmentée et une caméra connectée. Une expérience déjà réussie. Et sans nul doute vertigineuse dans un futur proche.

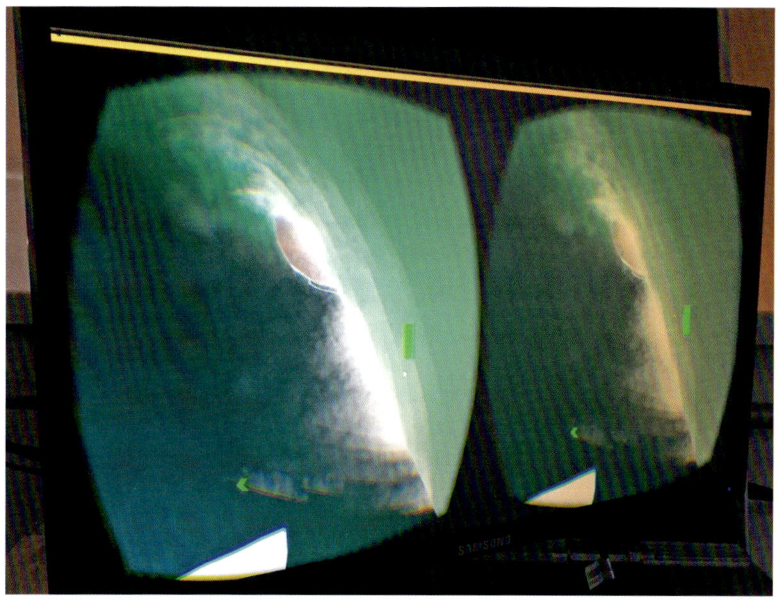

Le « Virtual Surf » est un simulateur unique au monde.

Les mutations à venir en matière de réalité virtuelle interactive promettent d'être fascinantes.

Balade française

Une flânerie photographique qui défie les milles nautiques.

Vendée. Alain Riou glisse en toute discrétion sous une lèvre vendéenne. Ici, on ne sait à quelle houle se vouer : entre le remblai de Saint-Gilles-Croix-de-Vie, l'option de repli à La Tranche-sur-Mer, en passant par le reef de la Sauzaie, le beachbreak de Bud Bud ou la cale des Sables-d'Olonne le choix est difficile pour le surfeur, tant les options des pays de la Loire sont multiples.

" Teahupoo sous un autre angle,
celui du monde du silence. "

Xavier Duluc prend de
la hauteur dans le Médoc.

Gordon Fontaine sur
le reef de Pratmeur.

Joël de Rosnay à La Barre,
en 1964.

Anse Salabouelle, en Guadeloupe.
Situé entre Le Moule et Saint François,
le spot capte à merveille la houle.
Ici la droite de « la bouelle ».

Lundi 28 octobre 2013, Justine Dupont devient la première surfeuse à s'attaquer à la vague géante au large de la corniche basque, Belharra.

Saint-Paul, des filets anti requins sont installés aux abords du lagon, comme solution de sécurité. La cellule nautique veille sur Boucan Canot, Les Roches Noires et Trois Bassins, afin que tous amateurs de baignade et d'activités nautiques puissent retourner dans l'eau.

DANGER

Lorsqu'un requin s'invite au cours d'une session, il n'est pas le bienvenu. À la Réunion, théâtre de tragédies spectaculaires, le débat fait rage sur les moyens à mettre en œuvre pour éviter les drames.

Dans les années 1980, ils avaient pour noms Éric Coutelier, Anne-Gaëlle Hoarau ou Stéphane Sisco... Puis vint la génération des Fred Robin, Boris Le Texier, Hugo Savalli ou Alexis Gazzo et du regretté Mathieu Schiller, emporté par un requin en 2011. Dans les années 2010 brillèrent et brillent encore Jérémy Florès, Johanne Defay, Laury Grenier, Ophélie Ah-Kouen, Cannelle Bulard, Romain Cloître, Medi Veminardi, Maxime Huscenot, Amaury Lavernhe, Coline Ménard, Jorgann Couzinet... Surfeurs sacrés aux quatre coins de France, d'Europe ou du monde ; sacrés surfeurs de l'île de la Réunion...

Mais le vivier du surf tricolore se vide. Le constat s'écrit au présent comme il mériterait de l'être au futur, probablement. Les champions quittent l'île pourvoyeuse des plus beaux palmarès. Comme Janique Hoarau, première Réunionnaise classée dans le top 15 mondial en bodyboard (1996). En 2013, elle a pris la décision de partir, « avec trois valises et sans travail », de sa terre natale, en direction de la Vendée. Trop peur pour ses enfants, Youri et Hina : « Ils surfent, ils ont ça dans le sang... »

Sur les 1 600 licenciés que comptait la Réunion en 2011, avant la crise requin, il en reste à peine 400, cinq ans plus tard.

Jérémy Florès (ici sur le North Shore) est le Français le plus titré de l'histoire. Il s'engage dans la protection des plages où il a grandi et appris à surfer. Devenu l'ambassadeur et la voix de son île natale sur la question des requins, le champion réunionnais a parrainé la reprise de compétition de surf sur l'île sur le spot protégé des Roches Noires. Pour tourner la page noire, et ouvrir la future, plus radieuse, du surf réunionnais…

Le nombre d'écoles de surf a fondu. Pour progresser, envisager une carrière, il faut aller glisser ailleurs. Pour rester en vie, il faut arrêter. Triste logique.

À la Réunion, requins-bouledogues (*Carcharhinus leucas*) et requins-tigres (*Galeocerdo cuvier*) se disputent la palme de l'horreur. Tous deux sont des prédateurs opportunistes : ils mangent ce qu'ils trouvent, au hasard. Et mordent surfeurs et baigneurs, comme ils croqueraient n'importe quel mammifère marin ou poisson.

Connue depuis toujours comme une zone à risque, l'île française a connu une recrudescence des attaques en ce début de XXIe siècle, dans une zone de la côte ouest jusqu'alors préservée. La surpêche, qui entraîne la raréfaction de la nourriture habituelle des requins, pourrait inciter ceux-ci à se rapprocher des côtes. D'autres explications ont été avancées, sans jamais être confirmées, comme les facteurs d'attraction de la ferme aquacole ou de la réserve marine, la pollution, le rejet des eaux usées… L'hypothèse la plus évidente n'est pas forcément la plus stupide : le développement considérable des activités nautiques augmente mathématiquement le nombre de personnes potentiellement en contact avec des requins, et donc susceptibles d'être attaquées.

« La Réunion est actuellement l'endroit le plus mortel du monde en matière d'attaques de requin », constate George H. Burgess, directeur du programme de recherche sur les requins du muséum d'histoire naturelle de Floride. Ce programme collecte des données sur les attaques de requins. Il y a eu à la Réunion sept décès dans dix-huit attaques en cinq ans, de 2011 à 2015. Un taux très, très élevé de mortalité. Une hécatombe.

Pour sécuriser la pratique du surf (cours, entraînements et compétitions) des plongeurs ont été rapidement employés dans un rôle de « vigies-requins ». Évidemment pas suffisant.

Pour compléter ces informations, des bateaux pneumatiques sont désormais dotés de caméras fixées à leur coque, permettant de voir ce qui se passe sous l'eau. Et encore ? Des filets anti-requins ont été installés sur les spots de Boucan Canot et des Roches Noires : une compétition s'y est même déroulée début 2016, pour montrer la confiance des promoteurs en leur efficacité. Cette solution respectueuse des fonds marins garantit la sécurité de la zone d'activité nautique. Ce n'est pas tout : un ballon captif gonflé à l'hélium et muni d'une caméra retransmettra bientôt en direct sur Internet les images aériennes du site. Le logiciel qui accompagnera le dispositif fera apparaître une masse sombre pouvant correspondre à un squale en approche. Le spot aura alors une chance d'être évacué à temps. La Réunion devient un véritable laboratoire pour la prévention des attaques de requins. Pour se départir de son image d'« île des requins », et faire revenir touristes et surfeurs. Mais, surtout, pour sauver des vies.

Des associations diverses et variées s'affrontent pour proposer d'aller plus loin dans la recherche de solutions à la « crise des requins ». Si tout le monde est d'accord sur la nécessité d'un plan global, reste à savoir ce qu'il recouvre. À l'ONG Sea Shepherd France, qui publie en 2011 une tribune intitulée « Les surfeurs réunionnais, une honte pour la communauté mondiale du surf » (elle présentera plus tard ses excuses), répond une pétition (plus de 5 000 signatures) exigeant la démission de sa présidente...

Jean-François Nativel, remuant président de l'association Océan Prévention Réunion, s'insurgeait, en avril 2015, au soir du décès d'Elio, surfeur de treize ans : « Nous sommes dans un système français qui est extrêmement lourd. Il y a eu des choses qui ont évolué, il y a eu des investissements importants, des engagements plus forts. Mais malheureusement, il y a l'absence de volonté du gouvernement qui nous sacrifie sur l'autel du sanctuaire requin. (...) La solution est de mettre en place le plan global le plus rapidement possible. Sur les six derniers mois, l'État a pêché deux requins alors qu'on est face à une prolifération. Ce n'est pas une fatalité. On est

capable de mettre des millions d'euros de filets et on n'est pas capable de protéger quinze kilomètres de côtes ? »

Mais comment ? Les filets sont controversés en raison des captures accessoires (dauphins, tortues, etc.) et du fait qu'ils doivent être abaissés par forte houle pour ne pas être endommagés ; les murs de bulles se révèlent d'une efficacité douteuse ; le port de combinaisons rayées (à l'image des poissons-pilotes que le requin n'attaque jamais) ou de *shark shields* (un appareil émettant un champ électromagnétique qui irrite les requins à proximité et tend à les éloigner) font figure de gadgets ou presque. Quant à l'utilisation de produits chimiques, pour imiter le comportement de la sole de Moïse, un poisson secrétant un mucus au pouvoir répulsif, elle ne peut faire croire à l'existence d'une crème anti-requins... Dans tous les pays concernés par le problème, il semble bien que la mise en place d'un réseau d'alerte et de surveillance soit à ce jour la plus efficace des préventions.

Le requin constituera toujours un danger. Chasser est sa raison de vivre. Manger, son souci primordial. Certaines espèces, comme le grand blanc, le requin-taureau ou le requin-taupe, ovovivipares, cultivent le cannibalisme intra-utérin, c'est-à-dire que les petits requins se mangent entre eux pour survivre, à peine sortis de l'œuf et encore dans l'utérus maternel.

Avec leur acuité visuelle déplorable et leur caractère effroyable, les requins agresseront toujours des baigneurs – qu'ils prennent pour des phoques – ou des surfeurs – qu'ils confondent avec des tortues marines, voire des otaries ou des lions de mer. Comprenant leur méprise (le squale est loin d'être idiot), ils lâchent généralement très rapidement leurs proies humaines. Mais le mal est fait, tant la violence de cette « morsure d'investigation » est extrême.

La gauche de Saint-Leu, absolument parfaite, reste un joyau à risque. La menace « requin » est toujours d'actualité en dehors des zones protégées.

Fred Robin, à Saint-Gilles. Le Réunionnais, tout en fluidité et nonchalance, atteste d'un des plus beaux surf backside au monde.

Le spot de la Jetée à Saint-Pierre
est une arène de compétition idéale
pour les graines de champions.

« La défense, la sauvegarde, la mise en valeur et la gestion durable de l'océan, du littoral, des vagues et de la population qui en jouit. »

Ambiance à Los Angeles, en Californie. Raffinerie, brume toxique et pollution.

Ces dernières décennies, la façade atlantique a été gravement souillée par la pollution de marées noires successives.

POLLUTION Terrains vagues

Liberté, évasion, sport, certes... Mais l'image du surf ne peut se départir de son lien direct avec la nature. Ses adeptes se mouillent pour la protéger.

Fiction. Au sommaire du journal de 20 heures, ce soir-là, la Fondation des coureurs cyclistes lance une grande pétition pour demander l'amélioration du revêtement des routes françaises et rend publics dans le même temps les résultats des analyses scientifiques qu'elle a commandées sur la qualité de l'air que respirent ses membres... On peut bien s'amuser un peu. Imaginer les footballeurs exiger des produits sans OGM pour l'entretien des pelouses qu'ils foulent ; les tennismen militer pour le remplacement des surfaces synthétiques des courts par des parquets biodégradables ; voire les rugbymen manifester en faveur de cartons rouges ou jaunes en papier recyclé...

Risible ? Certes. Et pourtant. Lorsque Surfrider Foundation Europe publie le bilan du recensement des déchets effectué un an plus tôt sur cinq sites situés entre la France et l'Espagne (*), personne ne rigole. Ni de l'inventaire des horreurs récoltées, ni même du fait que l'enquête ait été menée par une ONG. Il ne surprend personne que les surfeurs – seuls parmi les sportifs – s'inquiètent pour leurs terrains de jeu, et plus largement pour l'environnement. L'association loi 1901 est d'ailleurs agréée – notamment – d'intérêt général. Cette préoccupation figure dans l'ADN de leur discipline.

L'inventaire de ce tri sélectif peut paraître fastidieux. Il mérite pourtant d'être répété : 7 799 morceaux de plastique ou polystyrène de moins de 25 cm et 5 444 de plus grande

taille (25-50 cm) ; 1 545 bouteilles et contenants en verre ; 1 285 filets et morceaux de filets ; 1 284 cordages ; 499 couvercles, bouchons ou capuchons en plastique ; 471 lignes de pêche ; 424 bouteilles de boisson en plastique ; 408 mégots de cigarettes ; 315 paquets de chips, bonbons et bâtons de sucette… Édifiant, même s'il ne s'agit là que du top 10 des ordures collectées sur un espace relativement limité. « À ce stade, il s'agit de premières indications qui nous donnent un aperçu des statistiques européennes », indique Gilles Asenjo, président de l'association.

Chaque seconde, 206 kg de déchets finissent dans les mers et les océans du monde, intronisés plus grande poubelle des sociétés modernes. Chaque jour, 8 millions de tonnes, qui polluent et participent à la création de « continents de plastique », devenant un véritable fléau pour les espèces marines. Étouffement de mammifères marins, asphyxie des océans et danger pour l'homme… Dans certains endroits, on compte six fois plus de plastique que de plancton, et 250 milliards de particules plastiques flottent par exemple en mer Méditerranée. La production mondiale de matières plastiques – 80 % des déchets marins – s'élevait en 2008 à 245 millions de tonnes, dont un quart rien qu'en Europe. Cette production devrait tripler d'ici à 2050. On peut se résigner ; ou pas. On peut baisser les bras ; mais ce n'est pas le style adéquat pour surfer efficacement.

La Surfrider Foundation est ainsi née en 1984 de la volonté d'une poignée de surfeurs de protester contre les menaces auxquelles était exposé leur spot de Malibu Point en Californie. Et en 1991, elle se transforma tout naturellement en organisation militante pour la sauvegarde de l'environnement. Elle compte aujourd'hui plus de 50 000 membres et environ 80 branches à travers le monde, comme la Surfrider Foundation Europe, créée en 1990 à Biarritz. L'objectif de celle-ci est « la défense, la sauvegarde, la mise en valeur et la gestion durable de l'océan, du littoral, des vagues et de la population qui en jouit ». Elle mène à cette fin des programmes d'action très variés : qualité de l'eau et santé des usagers, déchets aquatiques, transport et infrastructures maritimes, artificialisation du littoral, protection des vagues… Et œuvre également dans le domaine de l'éducation et la sensibilisation tous publics et scolaires.

De là à accorder un label vert immaculé aux surfeurs de la grande bleue, ce serait tout de même exagérer un peu.

Avant même de se mettre à l'eau à Hawaii, en Californie ou en Australie, l'amateur de surf de gros, nomade par définition, a effectué un voyage qui vaut son pesant de kilos équivalent carbone. Et quand il a ouvert son sac sur la plage, après s'être enduit de crème solaire dévastatrice pour les fonds marins – les Australiens la considèrent comme un fléau pour le corail –, il y a trouvé une mine d'objets explosifs. À commencer par sa planche, en gros un pain de mousse de polyuréthane enrobé de résine sur laquelle est collée de la fibre de verre. Autant de matériaux franchement polluants et même dangereux, qui soumettent d'ailleurs le *shaper* à l'ingestion de particules toxiques ayant des conséquences sanitaires aussi dévastatrices que l'exposition à l'amiante. Un *shaper* français soucieux de sa santé reconnaît avoir investi un millier d'euros pour acquérir un masque professionnel à la fois véritablement pratique et efficace. Ajoutons que la fabrication de la planche génère environ deux fois plus de déchets – non recyclables – que le poids de la planche elle-même… Quant aux combinaisons en néoprène (pur dérivé du pétrole), elles ont la particularité d'être 0 % recyclables !

On est loin des matières naturelles à même de faire se pâmer les chantres du développement durable, bien que les fabricants rivalisent de nouveautés pour se donner une bonne image. On évoque la fibre de lin en lieu et place de celle de verre, le retour au bois de balsa d'avant les années soixante. On parle du remplacement de l'acétone par des solvants chimiques moins toxiques. De nouvelles alternatives au néoprène, ou pour le moins permettant de réduire son utilisation à 40 % pour les combinaisons, le reste étant constitué d'un caoutchouc naturel, fabriqué à partir d'une plante. Et le marché a été inondé de wax plus écoresponsables les unes que les autres : à base de soja au lieu de la paraffine, ou faite de cire d'abeille et de résine de pin des Landes, ou d'une mixture cires/huiles/colophane de composants 100 % naturels. Réalité ou arguments marketing ? Un site internet allemand propose même tous les accessoires en version écolo : des dérives en bambou aux tongs écoresponsables, éthiques et 100 % recyclables, en passant par le leash en matière recyclée. Mais les études scientifiques et normes législatives manquant sur le sujet, on est bien obligé (de faire semblant) d'y croire.

La place accordée à l'environnement dans le milieu ? « Le surf se passe dans l'eau et uniquement dans l'eau. Alors pour moi l'environnement n'a pas de place dans le surf, c'est le surf qui a sa place dans l'environnement. C'est certainement pour cela que les surfeurs sont les premiers – et ont longtemps été les seuls – sportifs à avoir développé une conscience environnementale organisée, grâce notamment à Surfrider Foundation Europe, résume Gilles Asenjo, son président. Pourquoi donc continue-t-on à se poser cette question, somme toute très logique ? Parce qu'être un surfeur ne dispense pas d'être un citoyen comme les autres, avec ses qualités et ses défauts. Alors l'environnement, dans le milieu du surf, parfois on s'en préoccupe, et parfois on pense qu'il peut se débrouiller sans nous. »

(*) Plages de Porsmilin à Locmaria-Plouzané (29) et de la Barre à Anglet (64), en France ; *plages de Burumendi à Mutriku, de Murguita à Saint-Sébastien et d'Inpernupe à Zumaia, toutes au Pays basque espagnol.*

La communauté des surfeurs
ne peut rester passive face
aux enjeux environnementaux.

« Le surf calédonien se passe au large, dans la discrétion des passes sur la barrière. »

À environ 5 milles nautiques de la passe de Boulari, sur le récif Aboré, se trouve l'*Ever Prosperity*, une épave échouée sur la barrière de corail faisant face à Nouméa.

Manu Hernu apprécie le spot
de « Secrets », à environ un
kilomètre au sud de l'île Verte.

MILITANT Le guerrier du Pacifique

En Nouvelle-Calédonie, le surf a conduit Manu Hernu à aimer la mer, la terre et tous ceux qui les peuplent. Point de départ d'une vie militante d'une extrême richesse.

Une fenêtre sur un écran d'ordinateur. Bleue, puisqu'il s'agit d'une conversation vidéo sur Skype. Prévue comme une prise de contacts, elle dure, elle dure... Le fils de Manu Hernu commence à trouver le temps long, là-bas à Bourail, Nouvelle-Calédonie : il voudrait bien aller dormir. Et puis, soudain, après une heure et demie de discussion, le verdict tombe : « En fait, vous l'avez compris. Je suis un guerrier du Pacifique. Mais mon combat à moi, ce sont les tortues. » On a connu soldat plus agressif, à la lame plus acérée. D'ailleurs, d'entrée, Manu avait prévenu : « Je suis caldoche, mais je n'aime pas cet adjectif, il rime avec bidoche... » Pas de viande froide dans ses mots. Juste un océan d'amour.

À droite : La Nouvelle-Calédonie est encerclée par 1 700 km de barrière de corail. On recense plus de 200 passes à potentiel pour le surf...

Caldoche donc, de quatrième génération côté paternel, et picard, avec un ancêtre bagnard. Du côté maternel et basque, c'est l'exploitation du nickel qui a amené ses aïeuls sur l'île.

Et puis guerrier, donc. Mais également pêcheur, chasseur, conteur, guide nautique ou même touristique sur le lagon, bâtisseur sur la plage de la Roche Percée, militant de la cause écologique, défenseur du patrimoine naturel et historique... « Je suis un amoureux de cette terre qui m'a vu naître et qui a accueilli mes ancêtres. Avec fierté, car je suis d'ici. Et avec beaucoup d'humilité car la Nouvelle-Calédonie est la dernière des terres qui aient été colonisées par la France. » Manu ne parle pas seulement de « vivre ensemble » ni de « destin commun » : il les vit au quotidien. « Il n'y a qu'un seul chemin qui nous unira tous, un projet de pays autour du respect de cette terre, de son patrimoine naturel, culturel et des populations qui y vivent. »

Une fenêtre sur un écran, par laquelle on peut apercevoir sur la plage, face à l'océan qui l'a toujours attiré, l'adolescent de quinze ans qu'il était en 1989. Dans l'eau, des jeunes de son âge venus de métropole avec leurs parents enseignants. « J'ai vu surfer Vincent et Bruno, puis à la rentrée je les ai retrouvés à l'école. Et ma vie a changé. »

Ce n'est pas une passion qui naît. C'est un projet de vie qui entre en gestation. Bien sûr, il surfe : il le fait toujours, entre Bourail et La Foa, sur les récifs. Sur des spots nommés Secret, Snorky, Gouaro, Ouano, deux ou trois heures le matin quand les conditions sont parfaites. Mais il fait aussi de la compétition, des voyages pour les Jeux du Pacifique (tous les quatre ans) ou les Oceania Championships (chaque année). « Ça m'a permis de découvrir le concept des *surf camps*, qui existaient dans le monde anglophone. » L'idée ne tardera pas à germer. Pour l'heure, il doit partir au service militaire et obtient son affectation sur l'île de la Réunion. « Pour découvrir un autre océan. » Il y demeure même un an de plus, comme gardien d'un centre de vacances.

La fenêtre s'ouvre cette fois sur Nouméa où il revient. Cela durera dix ans, il sera tour à tour guichetier dans une banque locale, puis conseiller de l'Association pour le Droit à l'Initiative Économique (ADIE), qui propose des microcrédits à ceux qui n'ont pas d'argent pour financer leurs projets. « Ça m'a permis de découvrir les gens de mon pays, sa faune et sa flore, aussi. » Lorsque la fenêtre se referme, il est tombé en amour. Et a appris au passage comment lancer et gérer une petite entreprise.

C'est à Bourail, le berceau familial, à environ deux heures de route de Nouméa, qu'il va tout naturellement se lancer dans la mise en application de ses projets. Son défi est ambitieux : « Le littoral de la commune doit devenir un exemple de développement durable. » Il a alors trente-deux ans. Il fonde le premier club de surf de l'endroit, le Gouaro Surf Club. Il ne heurte pas mais respecte : « Ces terres appartenaient aux Mélanésiens avant notre arrivée. Alors on parle quand on nous autorise à prendre la parole. » Il obtient les autorisations coutumières. « Les mots ont été dits. » Et le voilà parti vers sa grande œuvre : le Nëkwéta Surf Camp. *Nëkweta* comme « respect de l'océan ».

Ce n'est plus une fenêtre qui occupe désormais l'écran, mais une baie vitrée, large comme une vie. Comme la plage de la Roche Percée, sur une presqu'île côté ouest et au milieu de la Grande Terre. La mer de Corail y est assez agitée du fait

des courants rentrant dans la passe Popinée. Les surfeurs adorent. Le gîte Nëkweta, bordé par le fleuve La Néra, entre mer et montagne, les accueille dans un jardin tropical luxuriant à deux minutes à pied de la plage. Cases, bungalows, bar-restaurant dans le style calédonien, évidemment. Le gîte s'est doté d'un bateau à moteur à coque ouverte pouvant embarquer douze personnes, des planches de surf, longboards, stand-up paddle, combinaisons, palmes, masques et tubas à louer. Et le maître des lieux conseille, guide, accompagne. Il connaît tout sur tout, ici.

Les surfeurs adorent, et les tortues marines aussi, sans doute parce que, de toute l'île, c'est l'endroit où le récif est le plus proche du littoral. Elles viennent y pondre en grand nombre. En métropole, on les appelle caouannes ou carets. En Nouvelle-Calédonie, « grosses têtes ». Et quel que soit leur nom, elles figurent sur la liste des espèces menacées. « Ici, les deux kilomètres de plage constituent un site de ponte exceptionnel, le deuxième de tout le Pacifique Sud. » D'autant plus important que le sable affiche en moyenne 32°C. Quatre degrés de plus que la frontière qui sépare les naissances privilégiées de mâles (- de 28°C) et celles de femelles (+ de 28°C). Mais les dangers se multiplient : chiens errants mangeurs d'œufs, lumières des jardins attirant les nouveaux-nés, camping sauvage, barbecues, fêtes sur la plage, déplacement des dunes, etc.

Manu Hernu, bien calé sur « Ouano Left », une gauche rapide et creuse surnommée le « petit Teahupoo » par Adriano de Souza et Jérémy Florès.

En 2006, Manu Hernu a pris conscience du danger que couraient ces mammifères en passant devant un amas de bébés tortues écrasés sur la route. Ils n'avaient pas trouvé la mer... Il créa alors l'association Bwärä, une de plus, pour protéger les tortues et leurs lieux de ponte sur la commune. « Cette année-là, on avait répertorié 128 nids. Dix ans plus tard, il y en avait 330 », explique-t-il avec une fierté légitime. Pour cela, il a fallu éduquer, faire un gros travail pédagogique dès l'école. Il a fallu reboiser, pour maintenir la dune et créer une barrière végétale entre lieu de ponte et civilisation : « Nous avons planté plus de 1 000 arbres, et nous les avons entretenus. Et il y en a 7 000 dans la pépinière, qui attendent. »

Il a fallu surtout, et il leur en est extrêmement reconnaissant, obtenir des coutumiers qu'ils renoncent à un certain mode de vie traditionnel. Ils ont compris. Ils connaissent l'importance de la tortue, symbole de vie dans leur civilisation comme elle l'était chez les Égyptiens, les Mayas ou les Aztèques.

À Manu Hernu de refermer la fenêtre de l'ordinateur sur une note prophétique autant que poétique : « À Bourail, les anciens disent que le jour où il n'y aura plus de tortues, les hommes auront rompu la parole de toujours les protéger donnée aux ancêtres les lézards géants qui sont endormis sous les montagnes. Les tortues amènent chaque année le message de vie à la terre et ce depuis la nuit des temps. Si ce message n'arrive pas, les lézards se réveilleront, feront trembler la terre et le feu jaillira de partout ; à leur tour les hommes disparaîtront, car ils auront failli à leurs engagements. »

Balade française

Une flânerie photographique qui défie les milles nautiques.

Entre Soulac-sur-Mer, le Verdon et la pointe de Grave, l'extrême nord médocain offre d'excellents spots de repli permettant de surfer dans un cadre grandiose : le phare de Cordouan en fond, face à Royan et la côte sauvage de la presqu'île d'Arvert, en Charente-Maritime.
Une zone de surf néanmoins dangereuse aux bancs de sable à la sinistre réputation, et balayée par de forts courants dus à la présence de l'embouchure de l'estuaire de la Gironde.

Biscarosse, Landes.
Une petite houle d'automne idéale pour un sunset en longboard.

À droite: Martinique. Tartane, la presqu'île de la Caravelle, Sainte-Anne, Le Prêcheur, le Marigot, Basse Pointe et Grand Rivière... l'« île aux Fleurs » surprend par sa particularité de marier l'inconciliable: anses sablonneuses, anses vaseuses, les embouchures de rivières et les falaises. Des vagues aux fonds sableux jusqu'aux reefs acérés.

Kick-out. Le plaisir d'une sortie de vague aérienne, par la crête, en s'éjectant derrière la vague. Tahiti.

Cap-Ferret. L'érosion de la dune après le passage de la tempête Hercules, en mars 2014.

Pro France 2013. Julian Wilson
se freine à la Gravière.

Guéthary, village de pêcheurs en bord de falaise, et spot basque mythique.

Saint-Barthélemy.
Dimitri Ouvré est chez lui dans les îles Sous-le-Vent des Petites Antilles.

RÉTROFUTURISME

Plage « du VVF » à Anglet. Fred se jette dans la pente, et invente une nouvelle façon de surfer.

C'est en se plongeant dans les origines du surf que Fred Compagnon imagine des planches futuristes.

Ne le répétez à personne. Fred Compagnon serait le fils naturel de MacGyver et George Greenough… Pour rappel, le premier sévissait sur les écrans de télévision de la fin des années 1980 : un personnage qui résolvait des énigmes policières à grand renfort de diaboliques bricolages. Trois allumettes, un mouchoir en tissu et un trousseau de clés lui suffisaient pour mettre au point un abri antiatomique. Ou presque…

Le second doit sa notoriété, plus ancienne mais limitée au monde de la glisse aquatique, à ses innovations géniales. Au début des années soixante, ce surfeur-inventeur et cinéaste californien de Santa Barbara, aujourd'hui installé en Australie, conçut, avec son pote Bob McTavish, un nouveau type de planches plus fines, plus courtes, plus légères : le shortboard. Depuis, il a continué avec un certain génie, voire un génie certain, à innover en terme de matière (il fut un promoteur efficace de la fibre de verre), de formes de planches, de dérives en tant que *shaper*, mais également de prises de vue novatrices sur et sous l'eau, en tant que cinéaste.

De MacGyver, Fred Compagnon a hérité la capacité à faire du tout avec du rien ou, pour le moins, avec du pas grand-chose. Le moindre bout de bois. De Greenough, sa propension créative à filmer, et à surfer sur tout ce qui bouge, vagues comme planches.

Dans le patrimoine génétique de Greenough, il a également trouvé le chromosome du cheveu long des surfeurs des années héroïques, et la philosophie du mouvement : la remise en cause du conformisme pour découvrir de nouveaux horizons. On a connu parenté plus infamante. Le tout dans le respect de l'environnement.

L'alaïa, ancêtre du surf, n'est pas incompatible avec le lay-back snap. Fred, à la Gravière.

Dans le monde du surf, Fred Compagnon est devenu dans le même temps une sorte de dictionnaire sur pattes. D'encyclopédie, même, car ses créations futuristes prennent forme dans les origines anciennes de sa discipline.

Oublions l'ordre alphabétique. Et évacuons les noms propres : Europe, Amérique, Océanie, Asie, Afrique, il a surfé partout dans le monde, avec une prédilection pour l'Indonésie. Des vagues de gros comme des mers plus calmes. Épargnons-nous une fastidieuse énumération et franchissons les pages roses à revers. Fred s'écrit d'abord avec un F, comme freeboardeur. Et la présence du « free » n'est ni fortuite ni pour faire joli. S comme surf, stand-up paddle bien sûr, et *shape*, deux domaines où il exerce avec talent. B comme bodyboard, évidemment, sa planche préférée : « Je peux le surfer allongé, en *drop knee*, debout, et le rider dans beaucoup de conditions différentes. J'ai inventé un *nose* amovible qui permet d'en améliorer certains paramètres. » L comme longboard, et son pendant S bis comme shortboard. F comme *finless*. K comme kite surf, avec lequel il fut l'un des premiers Français à rider les vagues de la côte Atlantique. T comme tow-in ou tracté, ça va de soi. Presque communs, comme les noms qu'ils définissent.

Passons à plus pointu. A comme alaia. C'est Dave Rastovich qui l'a fait découvrir à Fred, il y a quelques années. Une nouveauté, à l'ancienne. Car l'avenir du surf passe peut-être par le retour aux sources. L'alaia a mis plus de deux siècles pour revenir en vagues, et en vogue. À son origine, au XVIIIe siècle, il s'agissait d'une simple planche de bois – sans dérives – façonnée à partir du tronc du koa, une essence d'arbre endémique d'Hawaii, et enduite d'huile de coco. Elle servait au sport des « rois naturels de la terre », réservé à une élite, les princes polynésiens... Cette tradition, mêlant spiritualité, art et sport, Fred Compagnon l'a évidemment faite sienne. La planche est « propre », biodégradable. Elle peut se surfer aussi bien debout que couché. Le *ride* est silencieux et le contact du bois et de l'eau procure un sentiment de pureté et d'union avec l'élément. Le surfeur se sent plus proche de l'environnement naturel. Tout ce qu'il aime.

Au moment où certains rêvaient de combinaisons révolutionnaires, de gigantesques vagues artificielles, de planches motorisées ou de matières venues de l'espace intergalactique, Fred Compagnon récupérait. Lorsqu'en 2009, par exemple, la tempête Klaus ravagea les Landes, il fit les fonds de poubelle chez un ami qui possédait une peupleraie. Héritage MacGyver, sous ses mains les troncs deviennent des planches, sur lesquelles il ajoute des straps, pour enchaîner les rotations. « C'est le début d'une nouvelle ère, s'exclame-t-il alors. Le rail est tellement fin que les perturbations des mousses et des mouvements d'eau n'altèrent plus du tout la glisse. Et je me retrouve dans des endroits du tube où je ne serais jamais sorti avec une planche normale. Et en plus ça va très vite, c'est hallucinant. »

A comme autotao, le nom qu'il donne à son invention, qu'il a lui-même *shapée* à partir du bois de peuplier, donc. Auto comme tout seul, Tao comme le prénom de son premier fils (un second, Kaïnoaou, est depuis venu enrichir la rubrique K, fin 2015) comme une déformation de tow-in, puisque initialement Fred sautait de sa planche de stand-up avec son alaia. Lorsqu'il s'est rendu compte des limites de l'alaia, il a d'abord imaginé superposer l'alaia à une planche classique de SUP : « Je pensais me servir d'une grande planche pour sauter avec une plus petite. » Mais il a finalement opté pour une réduction de toutes les tailles, pour mettre au point cette planche aux allures de snowboard. Un aboutissement ? Jamais. Fred Compagnon est un éclaireur, qui scrute l'avenir avant d'entraîner les autres dans la direction choisie. Il fait vite évoluer la pratique sur son autotao, en invitant un deuxième passager à bord. L'un rame à l'arrière et le second se tient devant avec la pagaie, debout dans les straps. Sur la vague suivante, ils intervertissent leurs rôles. « Tant que j'étais tout seul, explique-t-il, ce n'était qu'un délire. À deux, c'est devenu quelque chose de vraiment incroyable et un sport d'équipe. » Ajoutez D, comme duotao, une autre de ses trouvailles...

À quand la prochaine ? Il reste bien des lettres encore pour l'esprit bouillonnant de Fred Compagnon. Le SUP n'a été « réinventé » que dans les années soixante, l'alaia revisité qu'au XXIe siècle. D'autres planches ou pratiques traditionnelles sont peut-être encore à découvrir. Nul doute que le *waterman* de Capbreton sera dans les parages.

Futur antérieur

François Mazouat est un surfeur membre de la « Cold Coast Community ». Shapeur passionné, il créé, à l'instar de Fred Compagnon, des planches rétrofuturistes à la signature « MAZ boards » dans son atelier d'Offrethun, dans le Pas-de-Calais. Planches fusion, synergy, alanaïa, retro fishs, eggs, mini Simmons, planches asymétriques, longskates de cruising... « MAZ » travaille le bois, tel un luthier qui revisiterait l'histoire du shape pour expérimenter de nouvelles formes. Ici, « MAZ » en pleine préparation d'un placage bois pour la carène de sa « Cosmic ».

« He'e nalu ». Le sport ancestral des rois hawaïens se pratiquait dès le XVe siècle sur des alaïas ou « olo » sculptés dans le bois.

Les pieds strapés, poussé par un rameur en SUP, Fred Compagnon s'offre la possibilité de droper à Lafiténia en mode « duotao ».

Biarritz. L'épicentre inaugural du surf en France reste à la pointe de l'innovation. La technopole du surf jouera à coup sûr un rôle décisif dans la novation de la discipline.

Surf 2025
Par Joël de Rosnay

Mercredi 3 septembre 2025. Il fait un temps radieux. Une grosse houle déferle sur la côte basque. Du trois mètres à Lafiténia avec un léger vent de terre. Tony a capté les infos météos et observé la carte satellite sur sa mini-télé couleur à écran plat OLED, enroulée autour de son poignet. Elle est alimentée par une PAC (pile à combustible) fabriquée en Chine. La hauteur des vagues est précisée par l'intermédiaire du réseau TransNet connecté en wi-fi de n'importe quelle location.

Pia, la copine de Tony, a préféré prendre sa leçon quotidienne sur les vagues artificielles du lac Mouriscot. Du un mètre régulier sans courant, garanti par une machine à vagues et réglable par le biais du surf. De nuit, le lac est éclairé par des

Le « Hang five », intemporel.

projecteurs LED basse énergie. Sur la côte basque, aux spots naturels sont venues s'ajouter des plages artificielles dont le fond a été modifié pour permettre des vagues parfaites. En plus de ces plages payantes, des piscines et lacs à vagues ont été créés. Le surf y est possible toute l'année avec écoles de surf, restaurants, *surf shops*.

Pia aborde la côte du lac Mouriscot sur son vélo à énergie solaire, le Sol-Ex, fabriqué par une entreprise coréenne. Il est équipé d'un moteur léger et totalement silencieux et d'une sorte de parasol équipé de biophotopiles pour la recharge de batteries compactes SolPack, faites de condensateurs tapissés de nanotubes de carbone. Le surfarium est en vue. Pia passe sans s'arrêter devant un portique. Un code électromagnétique émis par son unitcom est reconnu par des puces RFID : la porte s'ouvre devant elle. Beaucoup de monde, aujourd'hui. Des débutants avec leurs profs. Pia prend sa première vague devant la caméra du vidéosurf. Les surfeurs remontent sur les côtés grâce à des canaux à fort courant. Tout le monde demande des vagues plus grosses. Jackie, le technicien, presse quelques touches de l'ordinateur de contrôle et hop : voilà la série !

Tony prépare son matériel pour aller affronter les vagues de Lafiténia. Sa planche ultra-légère est en céramique nid d'abeille totalement recyclable. Cette planche, commandée à Tora Surf, entreprise japonaise installée dans la technopole de Bidart, lui a été livrée le jour même. Elle a été calculée par ordinateur et profilée par un *robot shaper*. Tous les plastiques biodégradables sont issus de l'organochimie. La pétrochimie n'est plus utilisée. La cellulose et l'amidon ont été spécialement traités pour présenter les propriétés des plastiques du début des années 2000. Tony met sa biocombi dans un sac. Faite d'une matière aussi fine que la peau humaine (le hotprène, obtenu à partir de la chitine des insectes) elle permet de surfer en toute saison. Il n'oublie pas son casque léger, rendu obligatoire par les règlements internationaux depuis l'été 2009. Enfin, il ajoute son leash de sécurité en stretchex, fin comme un fil de pêche mais extensible et pouvant se rétracter dans une petite boule creuse attachée à la bande entourant sa cheville.

Dans sa voiture électrique à moteur hybride fonctionnant au biodiesel et automatiquement guidée par satellite, Tony écoute les *surf reports* sur les chaînes TV locales, accompagnés de cartes qui s'affichent sur un écran de bord. Les bulletins l'indiquent : la houle semble grossir à Lafiténia. Tony descend la route vers la plage réservée au surf. Arrivé au portail d'entrée il présente son téléphone devant un lecteur. Le portail s'ouvre. Déjà beaucoup de monde sur le spot et, évidemment, la queue au télésurf. Tony s'équipe, grignote quelques barres dietsurf et s'avance dans les vagues. À quelques mètres de là il attrape le câble en plastique filant au ras de l'eau et conduisant à un ponton situé au large du chenal. Le télésurf tire allègrement, à 10 nœuds, une trentaine de surfeurs. Voici la zone de déferlement. La réverbération fait scintiller la crête des vagues. Heureusement, Tony a ses lentilles de contact filtrantes teintées par un pigment à base de mélanine. Une belle vague se présente. « À moi ! », crie Tony dans son hydrophone (mini émetteur-récepteur étanche placé dans son casque). « J'ai la priorité. » Un *drop* quasi vertical, un super *bottom turn* à pleine vitesse et retour face à la vague, utilisée comme tremplin de saut. Les surfeurs réalisent des acrobaties jadis impossibles. Leur truc ? Des chaussons spéciaux dont la semelle est revêtue de bandes BioGecko (s'inspirant des microcrochets des pattes de ce lézard), s'accrochant à d'autres biostrips collés sur la planche. Cette nouvelle dimension dans les figures a conduit le surf à faire son entrée aux Jeux olympiques de 2020 à Tokyo.

« Trop de monde » estime Tony après une quinzaine de vagues âprement disputées à une centaine d'autres surfeurs. « Vivement le *secret spot*. » De retour sur la plage il enfile sa combisurf, un survêtement intégral en tissu polaire fait à partir de plastiques recyclés, puis appelle Pia sur son unitcom. Le joli visage de Pia apparaît sur l'écran couleur :

– Salut ! Tu as déjà fini ?

– Non, je continue, mais au *secret spot*, tu viens ?

– OK je t'y retrouve, je t'apporte ma vidéo, tu vas voir mes dernières vagues !

En descendant les marches taillées dans le rocher, Tony se remémore la tranquillité de ce lieu difficile d'accès, toujours protégé de la foule des surfeurs. C'est une des réserves écologiques de la côte. Au cours des dernières années, la pollution avait ruiné la plupart des plages : bouteilles plastiques, caisses, emballages, mais aussi sels toxiques de mercure, chrome, cadmium, PCB conduisant à la disparition des poissons, des crabes, des oiseaux. La dépollution reste essentielle dans ces zones et coûte cher aux municipalités. La qualité de l'eau y est mesurée en permanence, des filets très fins en alginates (plastiques dégradables fabriqués à partir d'algues) filtrent les déchets flottants. Sur la plage, d'une extraordinaire propreté, presque plus personne ne reste bronzer pendant des heures comme au début des années 2000 ! Les trous dans la couche d'ozone ont rendu les rayons du soleil particulièrement nocifs. La fréquence des cancers de la peau a été multipliée. Et les surfeuses qui préfèrent s'allonger entièrement nues sur la plage, comme le veut la mode, ont le corps peint de jolis motifs aux couleurs vives faits d'un produit antisolaire ultra-filtrant. Dans l'eau, un groupe de « tontons surfeurs » assis sur leur longboard est en train de bavarder. Ils se maintiennent en forme grâce à des cocktails de vitamines et d'anti-oxydants. Les progrès du génie génétique et des cellules embryonnaires permettent désormais de corriger des déficiences enzymatiques et de régénérer les cellules malades ou abîmées. Le père de Tony, Pilou, soixante-douze ans, a décidé de se mettre à la stand up board à Hawaii, comme les copains de son âge. Mais une stand up couverte de panneaux solaires et à propulsion électrique. « Je n'ai plus vingt ans ! plaisante Pilou, et en plus mon micromoteur auxiliaire à hydrogène me permet d'aller de spot en spot, même quand il n'y a pas de soleil ! Surtout, je peux continuer à surfer avec Tony, Pia et les « tontons surfeurs » dans toutes les conditions. Comme l'a déclaré à la presse un célèbre pionnier du surf, Noël de Bosquay, je surferai jusqu'à quatre-vingt-quinze ans, et après, je me mettrai au golf ! »

– Enfin je vais pouvoir enlever mon casque, oublier le télésurf et retrouver l'ambiance des années quatre-vingt-dix, dit Tony en embrassant Pia.

– Tu vas voir mes progrès après les vagues du surfarium, lui murmure-t-elle à l'oreille. Demain, tu me promets de m'emmener voir la finale du Surf Master à Biarritz ?

– Bien sûr, répond Tony en se jetant sur la grande planche de tandem, le menton posé sur le bas du dos de Pia. Allez, rame ! Sinon on va prendre le *shorebreak* sur la tête !

JOËL DE ROSNAY
Conseiller du président de la Cité des Sciences et de l'Industrie
Président exécutif de Biotics International
Champion de France Master de longboard 1989
Champion de France de surf 1960

Balade française

Une flânerie photographique qui défie les milles nautiques.

L'automne en hexagone. Les couleurs en mutation flambent, la température de l'eau est encore clémente. Les jours raccourcissent, et les plages se vident doucement tandis que les houles s'allongent...

« Si l'automne est synonyme de très belles conditions, elles requièrent souvent de l'engagement... »

Tartane, en Martinique. Le spot de l'anse Bonneville est aussi appelé la plage des surfeurs.

Tuber de dos, tenir son rail, garder le regard lointain pour ajuster sa trajectoire. Tahiti.

Andy Crières à Seignosse,
dans la lumière rasante
de septembre.

« Le soleil rouge
Tombe dans la mer
Quelle chaleur ! »

Natsume Sôseki

10 ° 17 N, 109 ° 13 O

Épilogue...

Pas de problème de mitoyenneté ici. Socorro, la petite île la plus proche, située dans l'archipel des Revillagigedo, se situe à 945 km au nord, tandis que la première côte continentale se rencontre à Acapulco, soit à 1 280 km de là.

TERRE VIERGE Pacifique ?

Les surfeurs français pestent régulièrement contre la surpopulation de leurs vagues, liée à la démocratisation de leur discipline. L'île de Clipperton reste le dernier terrain de jeu à découvrir. Enfin, presque.

À dire vrai, il faut être motivé. Ou délibérément asocial, au point d'être prêt à prendre la vague n'importe où, du moment qu'on ne s'y entrechoque pas les planches comme sur un spot à la mode… Perdue dans les solitudes immenses du Pacifique, l'île de Clipperton reste le dernier bastion français à conquérir pour le surf.

Le climat de l'île, pas si éloignée de l'équateur et des eaux chaudes du Pacifique nord qui le bordent, se prête bien à ce sport. Quant à la tranquillité, elle est garantie, Clipperton est considéré comme l'îlot le plus isolé du globe. La terre la plus proche (la petite île Socorro de l'archipel mexicain des Revillagigedo) se situe à 945 km au nord, et la première côte continentale (Acapulco au Mexique) à rien moins que 1 280 km.

La voilà, la dernière terre française de mission pour les surfeurs. Une île désolée de forme sub-circulaire de 12 kilomètres de circonférence, un atoll corallien au diamètre de 2,4 à 3,9 km, totalement isolé et hostile. Mais au moins, nul ne dérangera l'intrépide, sinon les requins qui pullulent dans le secteur. Il faut effectivement être motivé. Passionné. Fou.

L'endroit n'est pas seulement extrêmement isolé, il est aussi périlleux d'accès.

Des surfeurs, il y en a eu au moins un, amateur, tenté par l'expérience dans ce théâtre inhospitalier. Un certain Martin Machado, Californien de Santa Cruz, artiste voyageur embarqué sur des bateaux de marine marchande ou de pêche industrielle. Arrivé sur l'îlot au hasard de ses pérégrinations avec une équipe scientifique, Martin avait prévu le coup : « J'avais décelé, sur les images du documentaire de Jacques-Yves Cousteau (*Clipperton, île de la solitude*, 1980) un potentiel de surf. J'ai donc convaincu l'équipe de me laisser monter à bord accompagné d'une planche. » Il put immortaliser avec son appareil photo une jolie droite, facile d'accès, qui semblait l'inviter à la rejoindre. Pourquoi s'est-il abstenu ? « La photo ne rend pas justice à la dangerosité de cette vague. J'ai vraiment, vraiment, espéré surfer sur Clipperton, mais le récif était effrayant. Il aurait pu me réduire en miettes. Et en raison du fait que nous nous trouvions à quatre jours de navigation du moindre hôpital, ou même simple centre de soins, j'ai décidé de me tenir à distance. »

L'ÉDITEUR SOUHAITE REMERCIER :

Pauline Ado, Eric Bassoff et Éclair productions, Jean-Valère Bordenave, Aurélie et Fred Branger, Sylvain Bruneau, Sylvain Cazenave, Gill Chabaud, Clémentine Chatein, Eric Chauché, Antony Colas, Fred Compagnon, Erwan Crouan, Soizic et David Cuisnier, Joël de Rosnay, Johanne Defay, Audrey Demarre, Vincent Duvignac, Marion Etcheverry et Biarritz Océan, Thomas Gilou, Gilles Gloaguen, Manu Hernu, Claude Kunetz, Jérôme Laurent, Yannick Le Toquin, Benjamin Lévêque, Peyo Lizarazu, Jean-Marie Mac Millan, Martin Machado, François Mazouat, Francis Maugard, Tim McKenna, Oliver Napias, Mathieu Reveillas, Laetitia Rousselle, Gérard Senescat et la cellule nautique de la mairie de Saint-Paul, Alice Serverin, Thibaut Vergoz, Kevin Villeur.

Merci à tous d'avoir contribué à ce livre.

Polynésie française.

CRÉDITS

En couverture : Romain Laulhé, © Bastien Bonnarme/PresseSports

Par ordre d'apparition :

© Yannick Le Toquin (4-5, 10-11, 48-49, 54-55, 81, 159, 168, 172, 184) ; © Sean Scott/RooM/Getty Images (6-7) ; © Getty Images, Josh Humbert, National Geographic (8-9, 40, 187) ; (CC) Lukas Budimaier /Unsplash (12) ; © YEP/Arnaud de Rosnay (13, 18, 24-25, 27, 73, 143h) ; © Getty Images/Jean-Pierre Pieuchot/Photodisc (14) ; © Getty Images/Paul Hanson/Photodisc (15h) ; © Thibaut Vergoz (15b, 42-47) ; © Aurélie & Fred Branger (16, 121, 123) ; © Erwan Crouan (17h, 39, 78-79, 108-109, 142) ; © Corbis/EPA/Yoan Valat (17b) ; © Getty Images/ Slim Aarons (19) ; © Claude Kunetz (21-23) ; © Sylvain Cazenave (26, 28, 31, 33) ; (CC) Nikon Museum via Wikimedia Commons (26b, 32b) ; George F. Mobley/National Geographic/Getty Images (34-35) ; © Eric Chauché (36, 72, 76, 88-89, 90-91, 92, 102, 129b, 138-139, 151, [173-176], 178-179, 188-189) ; © Pino Barile Photography/ Moment Open/Getty Images (37) ; © Yves-Marie Quemener/PresseSports (38) ; © Kevin Villeur (38bg, 41h, 141, 170, 185) ; © Cyrille Gibot/Moment/Getty Images (38bd) ; © Jean-Valère Bordenave (41b, 124-125, 126, 128, 129h) ; © Jean-Daniel Sudres/Hemis.fr/Getty Images ; (CC) Mtu33260 via Wikimedia Commons (53) ; © Camille Moirenc/Hemis.fr/Getty Images (56-57, 127, 160-161) ; © iledequemenes.fr/Soizic Cuisnier (58-63) ; © Tim McKenna (64-71) ; © Lionel Corbel/PresseSports (74h) ; © Brigitte Merz/LOOK-foto (74b) ; © Mathieu Reveillas/ Naturaglisse Picture (75, 134, 166-167) ; © Richard Bouhat/PresseSports (76) ; © Vincent Duvignac (82) ; © MAYBAYBUTTER/E+/Getty Images ; © Jean-Marie Mac Millan/Jean-Charles Barthelet (84-87) ; © Bastien Bonnarme/PresseSports (93, 144-145) ; © Luttiau/PresseSports (94h) ; © Romain Perrocheau/PresseSports (94b, 95, 97, 99) ; © Rip Curl (96, 98, 100-101) ; © Tony Arruza/UpperCut Images/Getty Images (103, 169h) ; © Vincent Brière/EyeEm/Getty Images (104) ; © Francis Leroy/Hemis.fr/Getty Images (105) ; © Anthony Collins/ Stockbyte/Getty Image (106-107) ; © Antony Colas (110-117) ; Library of Congress (114b, 177bd, 180) ; Cartes postales anciennes circa 1900, domaine public (113, 116g) ; © Basile Dell/ Aurélie & Fred Branger (118-120) ; © Benjamin Lévêque (130-133) ; DR *TIME* (135) ; DR Oculus Rift (135b) ; © Cité de l'Océan/Virtual Surf/YouRiding (135hd, 137) ; DR Bill Wechter (136) ; © Jules Cooper/Moment Open/ Getty Images (140) ; © Peter Chadwick/Gallo Images/Getty Images (146-147) ; © Cellule nautique de la mairie de Saint-Paul (148) ; © Franck Seguin/PresseSports (149) ; © John Seaton Callahan/Getty Images (150, 165) ; © Christophe Calais/PresseSports (152-153) ; © Angelo DeSantis/Moment Open/Getty Images (154-155) ; © Kris Krüg/Moment (156-157) ; © PhotoAlto/Christophe Lemieux (158) ; © Gill Chabaud (162, 164) ; © Sam Lion/PresseSports (169b, 143b, 186) ; © Ortzi Omenaka/Cordon/PresseSports (171) ; © Maz surfboards (177) ; © French photographer from Bordeaux/Moment Open/Getty Images (181) ; © John Harper/Moment (183) ; © Steven Trainoff Ph.D./Moment Open/Getty Images (190-191) ; (CC) Shannon Rankin, NOAA National Marine Fisheries Service, Southwest Fisheries Science Center (SWFSC) (192) ; © Martin Machado (193) ; © Mattpaul/RooM/Getty Images (194-195).

Cartographie : « The Lionel Pincus and Princess Firyal Map Division », New York Public Library ; *Atlas national illustré des 86 départements et des possessions de la France*, Victor Levasseur, 1852, domaine public ; Library of Congress.